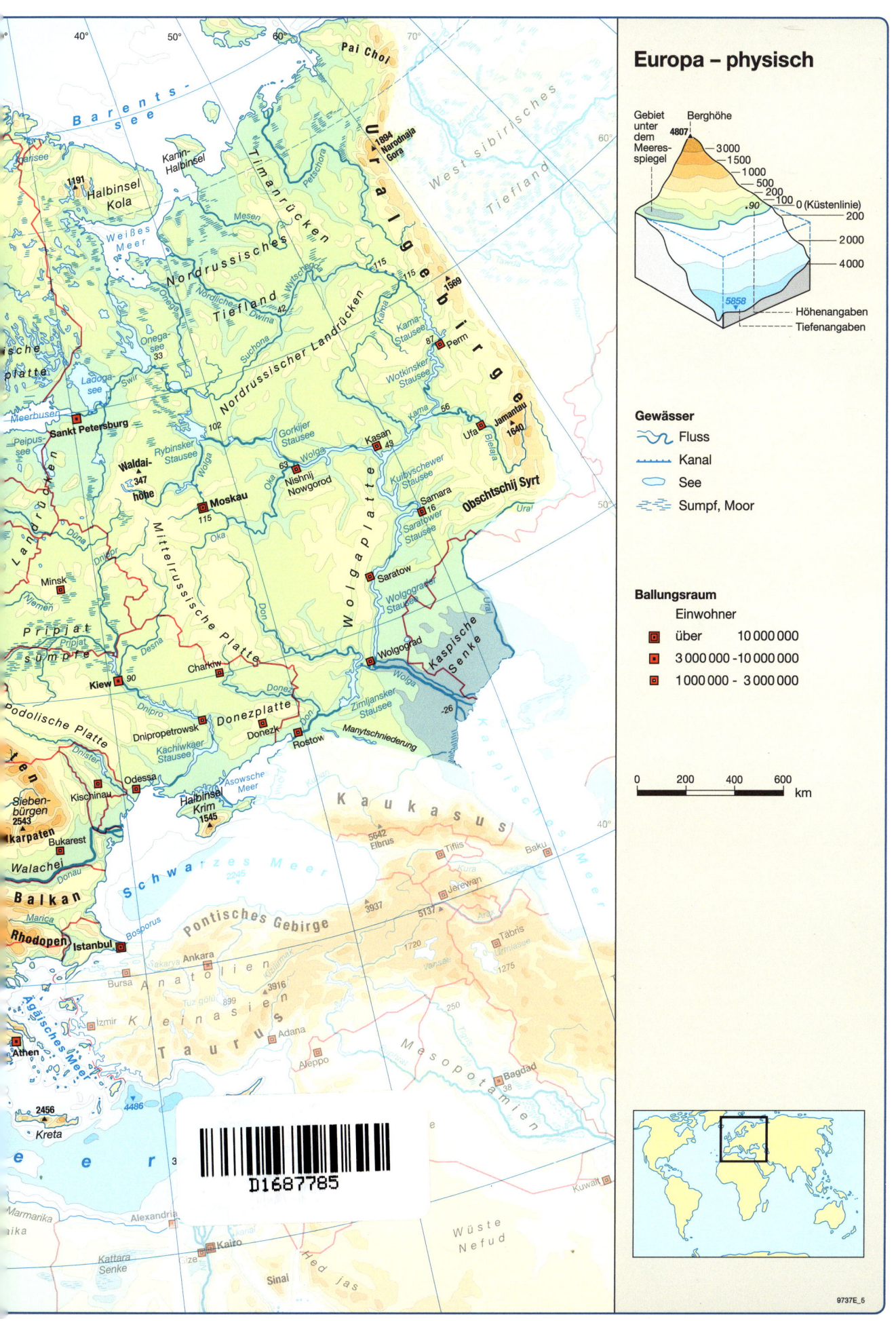

Heimat und Welt Geographie

für Thüringen

Klasse 6

Moderator:
Peter Köhler

Autoren:
Anette Gerlach
Peter Köhler
Katharina Meerbach
Wolfgang Schleberger
Burkhard Schönborn

Einband: Tower Bridge in London (Großbritannien)

Westermann Schroedel Diesterweg Schöningh Winklers GmbH, Braunschweig
www.westermann.de

Druck A[1] / Jahr 2012
Alle Drucke der Serie A sind im Unterricht parallel verwendbar.

Lektorat: Ullrich Löbmann
Bildredaktion: Susanne Guse
Layout und Herstellung: Yvonne Behnke
Druck und Bindung: westermann druck GmbH, Braunschweig

ISBN 978-3-14-144692-0

Das ist im Buch enthalten:

Geofix begleitet dich bei der Kompetenzentwicklung.

Dieses Schild soll dich darauf hinweisen, dass ein Thema im Spannungsfeld zwischen Ökonomie und Ökologie dargestellt ist.
Hier im Beispiel ist es das Thema „Tourismus im Spannungsfeld zwischen Ökonomie und Ökologie."

Hier erhältst du Hinweise, wie du schrittweise Erkenntnisse gewinnen kannst.

Hier erhältst du Zusatzinformationen und Begriffserläuterungen.

M	So sind alle Materialien (Fotos, Grafiken, Übersichten usw.) benannt. Die Nummerierung erfolgt doppelseitenweise.
Güter	Fachbegriffe sind im Text blau hervorgehoben. Sie werden im Minilexikon erklärt.
www	Unter diesen Internetadressen findest du zusätzliche Informationen.
1	Diese Arbeitsaufträge unterstützen dich beim Erreichen der Regelanforderung.
2	Diese Aufgaben bilden die Regelanforderung. Du sollst sie bearbeiten können.
3	Diese Arbeitsaufträge sind zur vertiefenden Behandlung eines Themas gedacht. Sie sind etwas schwieriger zu lösen.
HW-040	Durch Eingabe des Web-Codes unter der Adresse www.heimatundwelt.de gelangst du auf die passende Doppelseite im Heimat und Welt Weltatlas (Ausgabe Thüringen 2011). Dort erhältst du Hinweise zu ergänzenden Karten mit Informationen zur Karte sowie zusätzliche Materialien.

Hier kannst du dein Wissen und deine Kompetenzen überprüfen.

Im Arbeitsheft kannst du üben, wiederholen und anwenden.

Deinem Geographiebuch liegen eine Überhangfolie und ein Stift bei. Du kannst sie:
– über die Lehrbuchtexte der einzelnen Seiten legen und dann mit dem beiliegenden Stift wichtige Wörter oder Sätze unterstreichen,
– über die Übungskarten und andere Abbildungen legen und sie dann nach unterschiedlichen Schwerpunkten bearbeiten,
– über die Rätsel legen und diese dann lösen.
Wenn du deine Arbeit beendet hast, kannst du die Eintragungen auf der Folie mit dem Radiergummi am Stift entfernen. Nun steht sie dir wieder zur Verfügung.

Inhaltsverzeichnis

Wirtschaft im Überblick ... 6

Land- und Forstwirtschaft 8

Der Wald und die Forstwirtschaft ... 10
Industrielle Holzernte in Finnland ... 12
Nachhaltige Forstwirtschaft ... 14
Landwirtschaft im Überblick ... 16
Konventionelle Landwirtschaft ... 18
Ökologische Landwirtschaft ... 20
Ökologische und konventionelle Landwirtschaft im Vergleich ... 22
Landwirtschaft in Thüringen ... 24
Trockenfeldbau auf der Meseta ... 26
Bewässerungslandwirtschaft in der Huerta ... 28
Gewächshausanbau – Spanien und Niederlande ... 30
ALLES KLAR Gewusst – gekonnt ... 32

Tourismus 34

Tourismus an der Nord- und Ostseeküste ... 36
Bedrohte Küste ... 38
METHODE Ein Rollenspiel durchführen ... 39
Urlaub im Nationalpark Wattenmeer ... 40
Tourismus in Thüringen ... 42
Tourismus in den Alpen ... 44
METHODE Arbeit mit Material ... 46
Der andere Urlaub – sanfter Tourismus ... 48
Tourismus am Mittelmeer ... 50
METHODE Einen Steckbrief einer Region erstellen ... 52
ALLES KLAR Gewusst – gekonnt ... 54

Energieerzeugung 56

Woher kommt unser Strom? ... 58
Vom Wald zur Kohle ... 60
Landschaften im Wandel ... 62
Von der Kohle zum Strom ... 64
Strom aus Kernenergie – wie lange noch? ... 66
Strom aus Sonne und Wind ... 68
Strom aus Biogas und Wasserkraft ... 70
METHODE Projektorientiertes Arbeiten ... 72
ALLES KLAR Gewusst – gekonnt ... 74

Verkehr 76

Vor- und Nachteile von Transportmitteln	78
Flughafen Frankfurt – Zentrum des Luftverkehrs	80
Hamburger Hafen – „Tor zur Welt"	82
Berlin – ein Verkehrsknoten	84
Verkehr in den Alpen	86
Verkehr vermeiden – verlagern – verbessern	88
Europäische Verkehrsprojekte	90
ALLES KLAR Gewusst – gekonnt	92

Leben in Städten und Dörfern 94

Merkmale einer Stadt – Raumbeispiel Eisenach	96
METHODE Einen Stadtplan lesen	98
Stadtentwicklung – Raumbeispiel Nordhausen	100
METHODE Eine Zukunftswerkstatt durchführen	104
Berlin – Hauptstadt Deutschlands	106
Metropole Paris	110
Metropole London	114
Wo wir wohnen – Städte und Dörfer	116
METHODE Kugellager	117
Leben im Dorf – früher und heute	118
ALLES KLAR Gewusst – gekonnt	120

Anhang 122

Minilexikon	122
Maße, Gewichte, Einheiten und Vergleichswerte	125
Hilfreiche Sätze beim Beantworten von Aufgaben	126
Quellenverzeichnis	128

Wirtschaft im Überblick

Wirtschaft – ihre Entwicklung von den Anfängen bis heute

Jeden Tag wird der Begriff Wirtschaft sehr häufig im Fernsehen, in Zeitungen und Gesprächen verwendet. Hast du dir schon einmal überlegt, was er bedeutet?

Info

Wirtschaft

Als Wirtschaft werden alle erlaubten Tätigkeiten der Menschen bezeichnet, die ihr Überleben sichern, wie das Herstellen, Bereitstellen und Verbrauchen von Gütern.

Info

Wirtschaftsbereiche mit Wirtschaftszweigen

1. Bereich: Rohstofferzeugung, z. B. Bergbau, Land-, Forst- und Fischereiwirtschaft.

2. Bereich: Rohstoffverarbeitung, z. B. Industrie, verarbeitendes Handwerk (z. B. Fleischerei), Bauwirtschaft, Energiewirtschaft.

3. Bereich: Bereitstellen von Diensten (Dienstleistungsbereich), z. B. Handel, Tourismus, dienstleistendes Handwerk (z. B. Friseur), Gesundheits-, Bildungs-, Banken-, Unterhaltungs-, Verkehrs- und Informationswesen.

M1 Getreide wird geerntet

M2 Flüssiger Stahl wird in den Konverter gefüllt

M3 Kaffee wird serviert

Das Herstellen und Bereitstellen der Güter erfolgt in privaten Betrieben (z. B. Bauernhof, Bäckerei, Friseur) und staatlichen Betrieben (z. B. Schule, Krankenhaus, Landratsamt).
Das Verbrauchen der Güter erfolgt in den Familien.

Die Tätigkeiten der Menschen änderten sich im Verlauf der Geschichte der Menschheit. Jagen und Sammeln waren früheste Formen. Sie wurden vor etwa 10 000 Jahren durch das Aufkommen der Landwirtschaft mit Ackerbau und Viehzucht abgelöst. Sie gehört heute als ein Wirtschaftszweig zum sogenannten ersten Wirtschaftsbereich.

Insgesamt unterteilt man die Wirtschaft in drei Wirtschaftsbereiche. Ihnen sind wiederum jeweils mehrere Wirtschaftszweige untergeordnet (Info, M4).

Aufgaben

1. Erkläre die Begriffe Wirtschaft und Waren.
2. Ordne die Fotos M1 bis M3 den Wirtschaftsbereichen zu.
3. Nimm in M5 eine Zuordnung vor. Fülle dazu die Lücken in der Tabelle sinnvoll aus. Verwende Begriffe, die in der Tabelle noch nicht vorkommen. Benutze deine Überhangfolie.

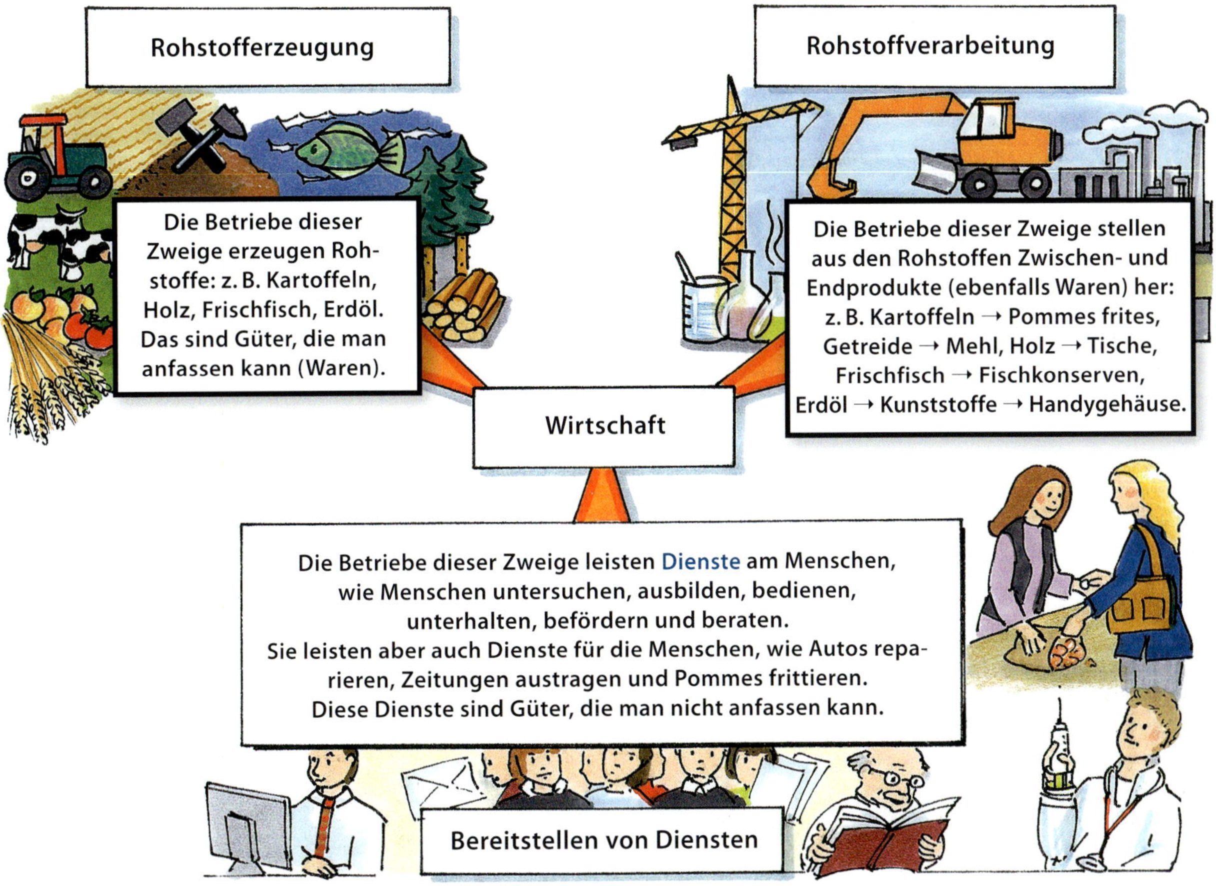

Rohstofferzeugung

Die Betriebe dieser Zweige erzeugen Rohstoffe: z. B. Kartoffeln, Holz, Frischfisch, Erdöl. Das sind Güter, die man anfassen kann (Waren).

Rohstoffverarbeitung

Die Betriebe dieser Zweige stellen aus den Rohstoffen Zwischen- und Endprodukte (ebenfalls Waren) her: z. B. Kartoffeln → Pommes frites, Getreide → Mehl, Holz → Tische, Frischfisch → Fischkonserven, Erdöl → Kunststoffe → Handygehäuse.

Wirtschaft

Die Betriebe dieser Zweige leisten Dienste am Menschen, wie Menschen untersuchen, ausbilden, bedienen, unterhalten, befördern und beraten.
Sie leisten aber auch Dienste für die Menschen, wie Autos reparieren, Zeitungen austragen und Pommes frittieren.
Diese Dienste sind Güter, die man nicht anfassen kann.

Bereitstellen von Diensten

M4 Wirtschaftsbereiche und zugehörige Güter

Jetzt weiß ich, was Wirtschaft ist und kann mich mit den folgenden Themen beschäftigen.

Wirtschaftszweige, Güter und Berufe aus dem Bereich Rohstofferzeugung	Wirtschaftszweige, Güter und Berufe aus dem Bereich Rohstoffverarbeitung	Wirtschaftszweige, Güter und Berufe aus dem Bereich Bereitstellung von Diensten
Landwirtschaft		Tourismus
	Industrie	Bildungswesen
Bergbau	Bauwirtschaft	
	Holztisch	Reparatur des Tisches
Kartoffeln	Pommes frites	
	Zwischen- und Endprodukte	Dienste
Landwirt (Bauer)		
Waren	Waren	

M5 Wirtschaftszweige, Güter und Berufe verschiedener Bereiche

Land- und Forstwirtschaft

Der Wald und die Forstwirtschaft	10
Industrielle Holzernte in Finnland	12
Nachhaltige Forstwirtschaft	14
Landwirtschaft im Überblick	16
Konventionelle Landwirtschaft	18
Ökologische Landwirtschaft	20
Ökologische und konventionelle Landwirtschaft im Vergleich	22
Landwirtschaft in Thüringen	24
Trockenfeldbau auf der Meseta	26
Bewässerungslandwirtschaft in der Huerta	28
Gewächshausanbau – Spanien und Niederlande	30
Gewusst – gekonnt	32

Auch ein tolle Idee, auf diese Weise Gemüse anzubauen!

M1 Tomatenplantagen und Gewächshäuser an der Ostküste von Gran Canaria (Spanien)

Der Wald und die Forstwirtschaft

*Glaube mir, denn ich
habe es erfahren
du wirst mehr
in den Wäldern finden
als in allen Büchern.
Bäume und Steine
werden dich lehren
was du von keinem Lehrmeister hörst.*

Bernhard von Clairvaux

M1 Gedicht

Der Wald – ein unschätzbares Gut

Wer an heißen Sommertagen im Wald spazieren geht, schätzt das angenehme Klima und die Stille, fernab von der Hektik der Stadt. Aber der Wald existiert nicht nur für die Erholung der Menschen. Er liefert uns Holz und ist Lebensraum für viele Tiere und Pflanzen.

Aus dem Urwald wird ein Forst

Zu Beginn unserer Zeitrechnung vor etwa 2000 Jahren war Mitteleuropa fast völlig von Wald bedeckt. Heute sind in Europa knapp 40 Prozent und in Deutschland etwa ein Drittel der Landfläche bewaldet.

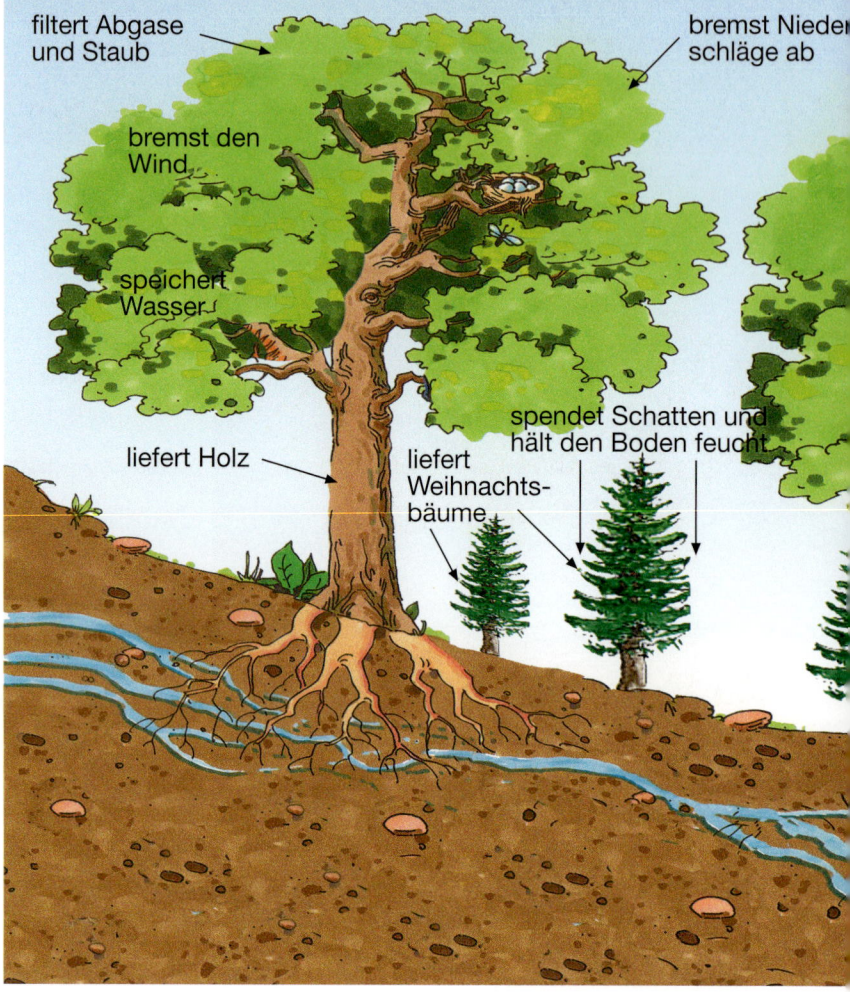

M2 Die Funktion des Waldes

Vor Jahrtausenden gab es auf der heutigen Fläche von Deutschland nur im Gebirge Nadelwälder. Alle anderen Flächen waren mit Laub- und Mischwäldern bedeckt. Dabei handelte es sich um Urwälder. Das sind vom Menschen weitgehend unbeeinflusste natürliche Wälder. Im Mittelalter wurden große Waldflächen für den Ackerbau und den Bau von Siedlungen gerodet. Außerdem wurden viele Wälder für den Bergbau, wo viel Holz benötigt wurde, abgeholzt. So ging ein großer Teil der Urwälder verloren.

Heute existieren in Europa nur noch etwa drei Prozent dieses ursprünglichen Waldes. Die anderen Flächen wurden seither neu mit Bäumen bepflanzt und wurden damit zu Forsten.

Forstwirtschaft

Diese vor allem zur Holzgewinnung angelegten Wälder werden je nach Baumart nach 80 bis 200 Jahren geerntet. Es muss immer darauf geachtet werden, dass nur so viel Holz dem Wald entnommen wird, wie nachwächst. Damit ist gesichert, dass immer ausreichend Holz vom Wald geliefert werden kann.

Da Fichten und Kiefern relativ schnell wachsen, wurden bis vor einigen Jahrzehnten vor allem diese Baumarten gepflanzt. Diese Wälder mit nur wenigen Baumarten sind allerdings anfällig für Schädlinge, Baumkrankheiten und Windbruch durch Stürme. Daher legt man heute widerstandsfähigere artenreiche Mischwälder an.

Land- und Forstwirtschaft

- gibt Sauerstoff ab
- dämpft Lärm
- Lebensraum für Pflanzen und Tiere
- bietet Sichtschutz
- liefert Beeren, Kräuter, Pilze, Wildbret
- speichert Trinkwasser

Info

Forstwirtschaft

Unter Forstwirtschaft versteht man die Bewirtschaftung des Waldes hauptsächlich zur Holzgewinnung. Die Forstwirtschaft ist verantwortlich für die Pflanzung, die Pflege und das Fällen der Bäume. Sie organisiert auch den Holzverkauf. Dabei achten die Forstämter darauf, dass immer nur so viel Holz eingeschlagen wird wie nachwächst. Auch der Schutz des Bodens sowie der Tier- und Pflanzenwelt ist Aufgabe der Forstwirtschaft.

Erstaunlich!

Fichten sind erst nach 80 Jahren „erwachsen". Dann lohnt es sich, sie zu fällen. Bäume werden sehr viel älter als andere Pflanzen, in der Regel weit über 100 Jahre, manchmal sogar deutlich mehr:
- Eichen bis 1 300 Jahre,
- Buchen bis 900 Jahre,
- Tannen, Kiefern bis 500 Jahre.

Mammutbäume (z. B. in den USA) werden sogar über 2 000 Jahre alt.

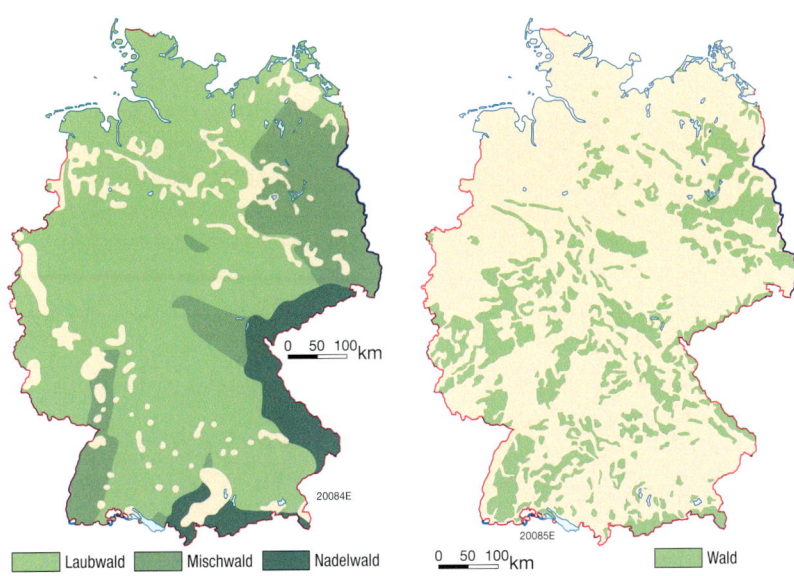

M3 Veränderung der Waldbedeckung (links 50 n. Chr. auf dem Gebiet des heutigen Deutschlands, rechts heute)

Laubwald   Mischwald   Nadelwald   Wald

Aufgaben

1. Nenne die Funktionen des Waldes (M2).
2. Die Wälder Deutschlands haben sich in 2000 Jahren verändert.
   a) Beschreibe die Unterschiede in der Waldbedeckung zwischen der Zeit 50 n.Chr. und heute (M3).
   b) Nenne Ursachen für diese Veränderungen.
3. Erkläre, was uns der Dichter mit seinem Gedicht zum Wald sagen möchte (M1).
4. „Die Forstwirtschaft in Deutschland hat sich verändert." Erläutere diese Aussage.

Arbeitsheft

Industrielle Holzernte in Finnland

M1 Neue Bäume werden gepflanzt

M3 Holzerntemaschinen im Einsatz

Vielleicht mal eine Seite in einem Schulbuch?

Vater, was wird aus mir, wenn ich groß bin?

M2 „Sohn und Vater im Gespräch"

Holzernte und Holztransport

Wenn der Boden ab Mitte Oktober gefroren ist, können Forstarbeiter oder Bauern mit dem Holzeinschlag beginnen. Nun sinken die schweren Maschinen nicht mehr in den bis dahin morastigen Boden ein. Holzfäller wohnen in der Zeit des Holzeinschlags in Holzhütten an ihrer Arbeitsstelle. Die schlagreifen Bäume werden gekennzeichnet und planmäßig unter Beachtung der Sicherheitsvorschriften gefällt.

Diese schwere Arbeit erledigen heute Holzerntemaschinen. Diese greifen sich einen Baum, sägen ihn knapp über dem Boden ab und schreddern blitzschnell die Äste vom Stamm. Die Maschine teilt dann den Stamm in Stücke und schichtet diese zu einem Holzstapel auf.

Ein Teil des geschlagenen Holzes wird mit riesigen Holztransportern abtransportiert. Eine bessere und umweltschonendere Methode ist das Flößen des Holzes ab Mitte Mai, wenn die Flüsse eisfrei sind. Die Flößerei ist aber in den letzten Jahren zurückgegangen, weil neue Stauwerke an den Flüssen dafür Hindernisse bilden. Die wichtigsten Abnehmer für finnisches Holz sind Deutschland, Großbritannien und die skandinavischen Nachbarländer.

Das „grüne Gold"

Im Gegensatz zu den in Deutschland natürlicherweise vorkommenden Laub- und Mischwäldern findet man in den kühleren Gebieten Nordeuropas ausgedehnte Nadelwälder. Sie gehören zu der Zone des nördlichen Nadelwaldes, der Taiga. Dort findet man nur wenige Baumarten, die sich gut an das Klima angepasst haben. Meist wachsen hier Fichten und Kiefern. Diese Wälder stellen für die nordeuropäischen Länder einen Reichtum dar. Das „grüne Gold" ist in aller Welt sehr gefragt und garantiert sichere Arbeitsplätze. So wird Holz für den Hausbau und die Möbelherstellung benötigt, dient zur Zellstoff- und Papiergewinnung und findet im Fahrzeug- sowie Schiffbau Verwendung.

Aufgaben

1 Nenne aus Holz hergestellte Produkte, die du täglich benötigst.
2 Beschreibe die Arbeitsschritte der industriellen Holzernte.
3 Erkläre, warum man das Holz in Finnland als „grünes Gold" bezeichnet.
4 Werte M2 aus.
5 Erkläre, warum Nachhaltigkeit besonders in der Fortwirtschaft Finnlands wichtig ist.

Arbeitsheft

Land- und Forstwirtschaft

Wälder sind meist Forste

Ähnlich wie bei einem Feld wird bei der industriellen Holzwirtschaft das Holz, wenn es „reif" ist, geerntet. Die Wachstumszeit beträgt allerdings nicht wie zum Beispiel bei Getreide wenige Monate, sondern je nach Wachstumsbedingungen 80 bis 200 Jahre, bis die Bäume schlagreif sind.
Der größte Teil der Urwälder Finnlands wurde bereits abgeholzt. Die Gebiete, in denen jetzt Holz geschlagen wird, sind Forste. Das sind vom Menschen angelegte Baumanpflanzungen und nur dafür vorgesehen, irgendwann geerntet zu werden. Die Forste sind natürlich ökologisch weniger wertvoll, da es hier weniger Tier- und Pflanzenarten gibt. Verstärkt werden diese Nachteile dadurch, dass oft Monokulturen, das heißt nur eine Baumart, angebaut wird.

Vorausschauend handeln

Um den Holzreichtum auch in Zukunft zu garantieren, sind die Finnen an einer nachhaltigen Forstwirtschaft sehr interessiert. Nachhaltigkeit bedeutet, dass die Holzerzeugung nie unterbrochen werden darf. An die Stelle alter Waldbestände, die gerodet werden, müssen sogleich Jungbestände von mindestens gleicher Menge aufgeforstet werden. Dabei ist zu bedenken, dass ein Baum in diesem kalten und nährstoffarmen Gebiet fast 100 Jahre braucht, um einen Stammdurchmesser von 20 cm zu erreichen.

M5 Anteil der Wälder an der Landfläche

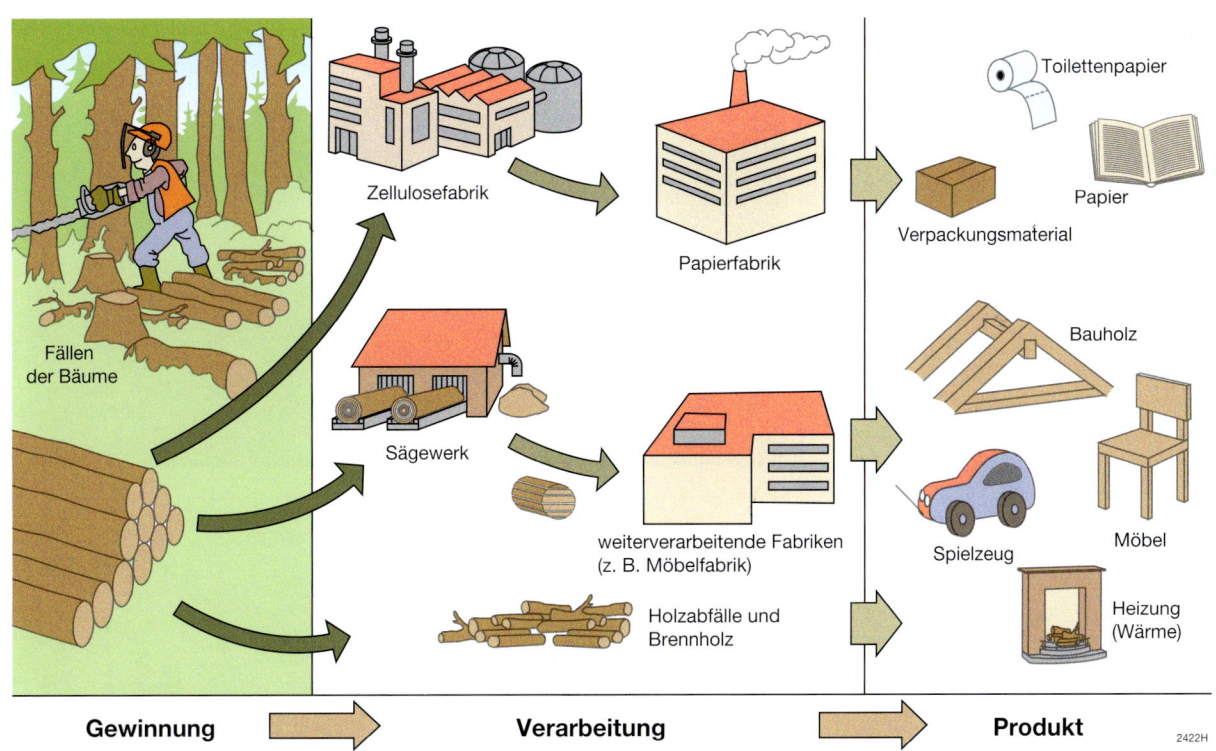

M4 Der Weg des Holzes

Nachhaltige Forstwirtschaft

M1 Der Forest Stewardship Council (FSC) fördert eine umweltfreundliche, soziale und wirtschaftlich tragfähige Bewirtschaftung von Wäldern. Er ist eine unabhängige Organisation. Der FSC ist in über 80 Ländern mit nationalen Arbeitsgruppen vertreten. Das FSC-Zeichen auf einem Holz- oder Papierprodukt ist ein Zeichen dafür, dass das Produkt aus verantwortungsvoller Waldwirtschaft stammt.

Naturnahe Wälder

Bei der ökologischen Waldwirtschaft wird ein naturnaher Wald aus heimischen Baumarten angestrebt. Wo diese noch vorhanden sind, müssen sie erhalten werden, wo nicht, sind sie wiederherzustellen. Solche Wälder sind weniger von Schädlingsbefall oder Sturmschäden betroffen.

Ein weiterer wichtiger Aspekt ist die natürliche Waldverjüngung. Es werden keine Jungbäume gepflanzt, sondern die Samen der Altbäume werden für die Anzucht neuer Bäume genutzt. Wichtig dabei ist eine waldverträgliche Dichte des Baumbestandes. Diese soll nicht einseitig an ökonomischen Vorteilen ausgerichtet sein.

Große und schwere Maschinen bedeuten eine erhebliche Gefahr für den Waldboden und seine vielen Funktionen. Bei der ökologischen Waldnutzung wird der Waldboden durch Verzicht auf Bodenentwässerung, Bodenbearbeitung und intensives Befahren geschützt. Bei der Holzernte werden waldschonende Verfahren (z. B. Pferde) eingesetzt.

Die Artenvielfalt ist ein wichtiges Kennzeichen eines gesunden Waldes. Deshalb muss die natürliche Artenvielfalt erhalten werden, zum Beispiel durch einen ausreichenden Anteil alter und abgestorbener Bäume.

Einige besonders wertvolle Flächen werden z. B. in Nationalparks unter Schutz gestellt.

Holz, welches das FSC-Zeichen (M1) trägt, wurde umweltfreundlich hergestellt.

Prinzipien für eine naturorientierte Waldwirtschaft

- **Dauerwaldprinzip**, d. h. die Wälder werden ohne Kahlschläge bewirtschaftet und zu einem ungleichaltrigen Dauerwald entwickelt.
- **Mischwaldprinzip**, d. h. die Waldbewirtschaftung strebt Mischungen mit heimischen Baumarten und hoher Vielfalt an.
- **Vorrang der Naturverjüngung**, d. h. die Naturverjüngung hat Vorrang vor Saat und Pflanzung.
- **Prinzip der Chemiefreiheit**, d. h. grundsätzlich wird auf den Einsatz von Pflanzenschutzmitteln und Düngern verzichtet.
- **Anwendung sanfter Betriebstechniken**, d. h. Arbeitsabläufe und Techniken werden an den Bedürfnissen einer bodenschonenden, wald- und menschenfreundlichen sowie energiesparenden Technik ausgerichtet.
- **Prinzip der Gentechnikfreiheit**, d. h. es gibt keinen Einsatz gentechnisch veränderter Organismen.

Kahlschlag

Es werden alle Bäume eines Waldes gleichzeitig geerntet. Die frei gewordene Fläche wird mit neuen Bäumen bepflanzt. Damit hat dieser Wald immer nur Bäume eines Alters. Eine Verjüngung des Waldes erfolgt immer durch Neuanpflanzungen.

M2 Kahlschlag und Plenterwaldwirtschaft im Vergleich

Land- und Forstwirtschaft

Nationalpark	Bundesland
Bayerischer Wald	Bayern
Jasmund	Mecklenburg-Vorpommern
Vorpommersche Boddenlandschaft	Mecklenburg-Vorpommern
Müritz	Mecklenburg-Vorpommern
Harz	Niedersachsen, Sachsen-Anhalt
Hainich	Thüringen
Kellerwald-Edersee	Hessen
Eifel	Nordrhein-Westfalen

M3 Nationalparks mit einem hohen Waldanteil (Auswahl)

M4 Wildkatze im Nationalpark Hainich

Info

Nationalpark

Bezeichnung für Landschaften, in denen Natur auch Natur bleiben darf. Die Parks schützen Naturlandschaften, indem sie ihren natürlichen Charakter bewahren und Rückzugsgebiete für wild lebende Pflanzen und Tiere schaffen. Sie sind unverzichtbar für die biologische Vielfalt und den Artenreichtum unserer Erde. Gleichzeitig schaffen die Nationalparks einmalige Erlebnisräume in der Natur.

Plenterwald

Es werden immer nur einzelne Bäume eines Waldes geerntet. Die frei gewordene Fläche wird mit neuen Bäumen bepflanzt. Damit sind immer Bäume aller Altersgruppen vorhanden. Die Verjüngung des Waldes erfolgt auf natürliche Weise.

Aufgaben

1 Vergleiche die Plenterwaldwirtschaft und den Kahlschlag (M2).
2 Beschreibe die nachhaltige Forstwirtschaft.
3 Stell dir vor, du bist ein Forstexperte. Nenne Gründe, die einen Waldbesitzer von den Vorteilen der Plenterwaldwirtschaft überzeugen.
4 Erkläre die Rolle von Nationalparks beim Artenschutz.
5 Beim Kauf von Holzprodukten sollte man auf das FSC-Zeichen achten.
   a) Erkläre, was dieses Zeichen bedeutet.
   b) Suche in Möbelgroßmärkten Produkte, die mit dem FSC-Zeichen versehen sind. Nenne sie.
   c) Ökologisch bewirtschaftete Wälder erhalten das FSC-Zeichen. Nenne Merkmale, die die Forstwirtschaft in diesen Wäldern haben muss.
   Arbeitsheft

Landwirtschaft im Überblick

M1 Verschiedene Formen der Landwirtschaft

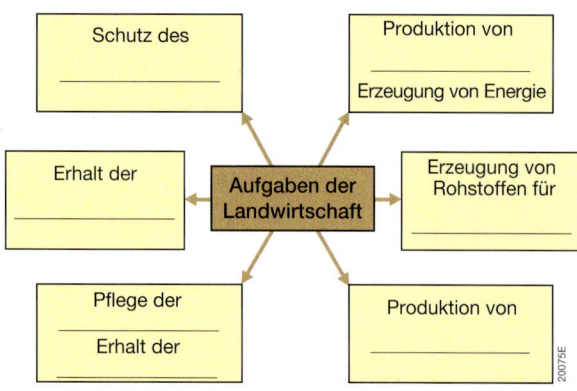

M2 Aufgaben der Landwirtschaft

Aufgaben der Landwirtschaft

In der Landwirtschaft wird der größte Teil der Rohstoffe für die Nahrungsmittel produziert, die wir täglich benötigen. Durch Ackerbau und Viehzucht wird die Ernährung der Bevölkerung gesichert. Die meisten Produkte gelangen nicht sofort zum Verbraucher. Sie werden zuvor von der Lebensmittelindustrie verarbeitet.

Die Landwirtschaft ist aber auch ein wichtiger Zulieferer für verschiedene Bereiche der Wirtschaft. So erzeugen die Landwirte Rohstoffe, die in der Industrie zum Beispiel zur Herstellung von Lederwaren und Arzneimitteln benötigt werden. Außerdem sind Landwirte auch Energielieferanten. Sie erzeugen die Rohstoffe zur Herstellung von Biodiesel und Strom oder Wärme in Biogasanlagen (Biomassekraftwerken). Landwirte sind daran interessiert, dass der Boden und die Gewässer erhalten bleiben und geschützt werden, da sie ihre natürlichen Produktionsgrundlagen sind. Mit ihrer Arbeit pflegen die Landwirte die Landschaften und tragen zum Erhalt einer über Jahrhunderte gewachsenen Kulturlandschaft bei.

Aufgaben

1. Nenne die Aufgaben der Landwirtschaft. Ergänze dazu das Schema M2 (Überhangfolie).
2. Nenne die Zweige der Landwirtschaft. Beschreibe sie (M1).
3. Erkläre, inwieweit der Ackerbau von natürlichen Faktoren abhängig ist.
4. Beschreibe den Wandel in der deutschen Landwirtschaft (M3).

Land- und Forstwirtschaft

Landwirtschaft im Wandel

Die Landwirtschaft hat sich in den letzten Jahrzehnten enorm gewandelt. Früher hatten die Bauern auf den Feldern und im Stall eine schwere körperliche Arbeit zu leisten. Früh musste der Bauer aufstehen, um das Vieh zu füttern. Danach arbeitete er oft bis zum Sonnenuntergang auf dem Acker. Für ihn gab es kaum freie Tage im Jahr, Urlaub kannte er nicht. Die ganze Familie musste bei den Arbeiten helfen. Pferd und Ochse waren oftmals die einzigen Hilfen bei der schweren Arbeit.

Heute verrichten meist moderne Landmaschinen die Arbeit. Die Landwirte haben sich oft spezialisiert. Computer übernehmen die Organisation der Arbeiten. Erntemaschinen werden zum Teil schon durch Satelliten auf den Feldern gesteuert. So können die Erträge enorm gesteigert werden. Im Vergleich zu früher kann jetzt ein Landwirt durch seine Erträge ein Vielfaches der Menschen ernähren. Aufgrund der Modernisierung hat aber die Anzahl der Landwirtschaftsbetriebe und der in der Landwirtschaft Beschäftigten stetig abgenommen.

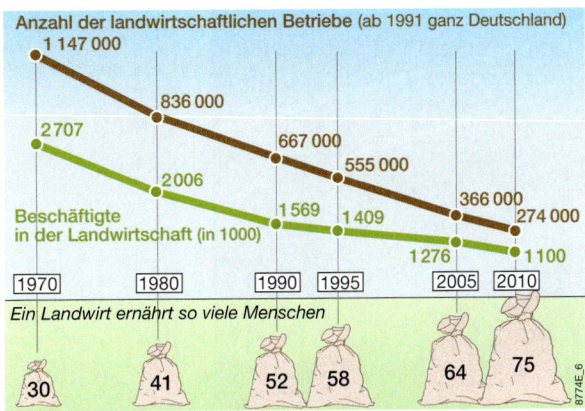

M3 Die deutsche Landwirtschaft im Wandel

Info

In der Landwirtschaft bestimmen Niederschlag, Temperatur und Böden die Bewirtschaftungsform

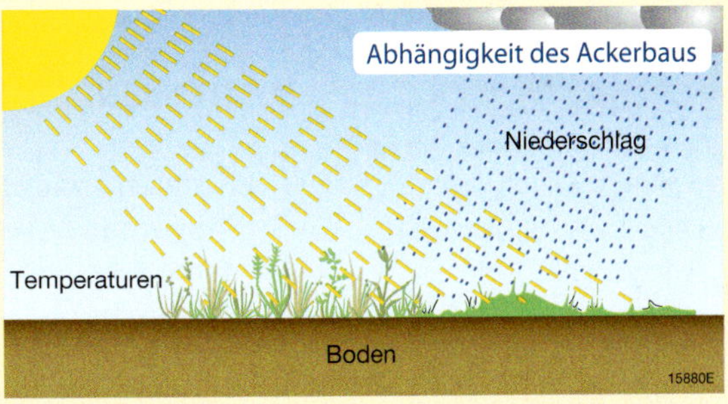

Der Ackerbau ist von natürlichen Faktoren abhängig. Das sind vor allem Temperatur, Niederschlag und Bodenart. Für das Wachstum der Nutzpflanzen ist genügend Wärme und Feuchtigkeit notwendig. Die Pflanzen brauchen über mehrere Monate im Jahr ausreichend hohe Temperaturen.
Besonderes mild ist es in Senken und Beckenlandschaften, da die Gebirge ringsum vor kälteren Witterungseinflüssen schützen. Oftmals sind diese Gebiete aber sehr trocken, sodass häufig eine künstliche Bewässerung der Felder erforderlich ist.
Anspruchsvolle Pflanzen, wie Zuckerrüben und Weizen, benötigen einen besonders fruchtbaren Boden. Er muss gut durchlüftet sein. Bodentiere, wie der Regenwurm, tragen zur Auflockerung der Böden bei. Besteht ein Boden aus sehr feinen Bestandteilen, versickert das Bodenwasser nur sehr langsam. So bleiben wichtige Nährstoffe länger im Boden und er trocknet nicht so schnell aus.

Konventionelle Landwirtschaft

M1 Käfighaltung

M3 Bodenhaltung

Massentierhaltung

Viele Menschen essen fast täglich Fleisch in Form von Wurst, Schnitzel, Braten, im Hamburger oder auf der Pizza. Das ist möglich, weil die Fleischpreise durch Massentierhaltung (industrielle Tierhaltung) niedrig sind. Dabei werden die Nutztiere in großer Anzahl auf engem Raum gehalten und in möglichst kurzer Zeit zur Schlachtreife gebracht. Diese Tierhaltungsform ist Teil einer intensiven Landwirtschaft.

Hühnerhaltung

Nutztiere wie Hühner werden industriell gehalten. Seit einigen Jahren ist in Deutschland die Käfighaltung (M1) verboten. Im Jahr 2006 wurde beschlossen, diese Haltungsform schrittweise abzuschaffen.

Erlaubt sind dagegen die Bodenhaltung (M3) und die Freilandhaltung. Bei der Bodenhaltung dürfen bis zu neun Hennen pro Quadratmeter gehalten werden. Mindestens ein Drittel der Bodenfläche muss mit Streumaterial wie Stroh, Holzspänen oder Sand bedeckt sein. Die Tiere können dadurch in ihren artgemäßen Verhaltensweisen leben.

Zu den Nachteilen der Bodenhaltung gehört, dass die Hennen mit ihrem Kot in Kontakt kommen. Auf diese Weise können sie sich schneller mit Parasiten infizieren. Auch Krankheiten breiten sich schneller im Bestand aus. Die Tierverluste sind höher und damit auch der Bedarf an Medikamenten.

Aufgaben

1. Beschreibe Vor- und Nachteile der Massentierhaltung.
2. Beschreibe Auswirkungen der Gülleausbringung auf die Umwelt (M4).
3. Nenne Argumente für eine möglichst artgerechte Tierhaltung.
4. Beschreibe, wie Frau und Herr Sander Schweinemast betreiben.
5. „Die Haltung von Legehennen hat sich in den letzten Jahren verändert."
   a) Beschreibe diese Veränderungen (M2).
   b) Erkläre die Veränderungen der verschiedenen Haltungsarten (Text, M1 – M3).

Jahr	Käfighaltung		Bodenhaltung		Freilandhaltung		ökologische Haltung	
	Betriebe	Legehennen	Betriebe	Legehennen	Betriebe	Legehennen	Betriebe	Legehennen
2007	712	27 037 000	569	6 801 000	255	4 376 000	110	1 781 000
2008	587	24 777 000	604	8 660 000	248	4 452 000	119	2 042 000
2009	275	14 069 000	705	16 629 000	258	4 297 000	148	2 348 000
2010	155	6 682 000	782	23 033 000	277	4 729 000	148	2 260 000

M2 Entwicklung der Haltungsarten bei Legehennen in Deutschland

Land- und Forstwirtschaft

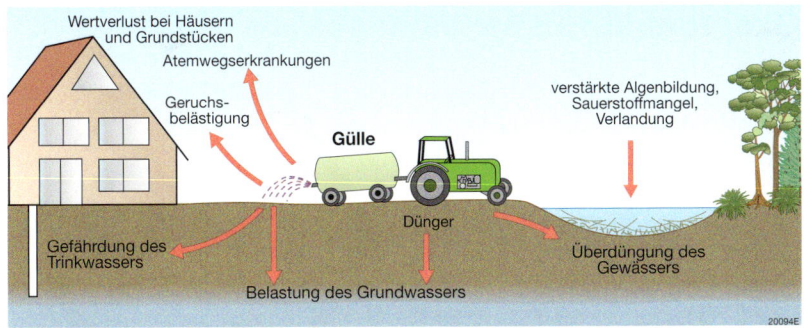

M4 Ökologische Probleme bei der Gülleausbringung

Info

Gülle

Kot und Urin von landwirtschaftlichen Nutztieren. Sie kann auch mit Wasser und Einstreu vermischt sein.

Schweinehaltung

Das Ehepaar Sander lebt auf einem Bauernhof in der Nähe der Stadt Münster. Sie kaufen regelmäßig Ferkel bei einem Viehhändler. Die Tiere sind acht Wochen alt. Sie kommen in den Stall und werden gemästet. Nach vier Monaten ist jedes Schwein 100 kg schwer. Dann werden die Schweine an einen Schlachthof verkauft. Herr und Frau Sander haben einen Mastbetrieb für Schweine. Im Münsterland gibt es über 8000 solcher Betriebe.

Frau Sander erzählt von ihrer Arbeit: „Je zehn Ferkel kommen in eine Box im Schweinestall. Jede Box ist 2,40 Meter breit und 3,60 Meter lang. Die Exkremente der Tiere gelangen direkt über einen Spaltboden in den Untergrund.
Mein Mann und ich füttern die Tiere morgens und abends. Sie bekommen eine Futtermischung. Die Mischung besteht aus Wasser, Magermilch, Mais, Gerste und Soja, einer Bohnenart. Ich rechne mit einem Computer aus, wie viel Futter die Schweine bekommen. Die Futtermenge hängt vom Gewicht der Tiere ab. Deshalb muss ich die Schweine regelmäßig wiegen."

In den Kreisen Oldenburg, Vechta und Cloppenburg gibt es mehr als drei Millionen Schweine und 30 Millionen Geflügeltiere. Dort in Niedersachsen existiert die größte Viehdichte Europas. Auf den Höfen mit Massentierhaltung leben die Nutztiere zusammengepfercht. Die Tiere atmen zu wenig Sauerstoff und viele Schmutzstoffe ein. Die unnatürliche Art der Tierhaltung verursacht großen Stress. Immer wieder kommt es zu Verletzungen: Schweine beißen einander in die Ohren. Die Tiere werden anfällig für Krankheiten, die Ansteckungsgefahr ist hoch. Bricht eine Krankheit aus, müssen alle Tiere getötet werden. Zur Vorbeugung dagegen verabreicht man den Tieren Medikamente. Verbraucher kritisieren die Fleischqualität aus der Massentierhaltung. Rückstände von Dünger und Medikamenten verbleiben im Fleisch und gelangen in unseren Körper. Wir werden immun gegen Antibiotika, sodass sie nicht mehr wirken, wenn wir sie bei Erkrankungen einnehmen müssen.

(nach: Welp, M.: Dicke Luft vom Bauernhof)

M5 Schweinehaltung

Aufgabe

6 „Die Tierhaltung kann nur verändert werden, wenn wir unseren Fleischkonsum ändern. Wenn viel billiges Fleisch angeboten werden soll, ist das nur mit Massentierhaltung möglich."
Begründe diese Aussage.

Arbeitsheft

Ökologische Landwirtschaft

M1 Schweinehaltung im Freiland

Ökoprodukte immer mehr gefragt

Lebensmittelskandale und viele Diskussionen über die Qualität von Lebensmitteln führen dazu, dass immer mehr Menschen nach Produkten aus dem ökologischen Landbau fragen (Bioprodukte).

Ökobetriebe

Viele Landwirte haben daher ihren Betrieb auf eine solche Produktionsweise umgestellt. Diese Art der Landwirtschaft zeichnet sich durch folgende Merkmale aus:
- Schonung der Umwelt,
- artgerechte Tierhaltung,
- weitgehend Verzicht auf Verwendung chemischer Pflanzenschutzmittel und Dünger.

Auch die Weiterverarbeitung der Lebensmittel erfolgt schonend und mit wenigen Zusatzstoffen. Der ökologische Landbau ist sehr arbeitsintensiv und der Ertrag ist nicht so hoch wie beim herkömmlichen Landbau. Daher sind diese Produkte auch teurer. Um die Preise dennoch für Kunden kostengünstig anbieten zu können, verkaufen viele Bio-Bauern ihre Produkte in einem eigenen Hofladen. Einen solchen Verkauf nennt man Direktvermarktung. Von den Ökobauern wird ein Kreislauf bei Viehzucht und beim Anbau in ihrem Betrieb angestrebt (M2).

M3 Mit diesem Siegel werden Erzeugnisse aus biologischer Landwirtschaft, auch ökologische Landwirtschaft genannt, gekennzeichnet. Bio- oder Öko-Betriebe müssen Voraussetzungen erfüllen (z. B. artgerechte Tierhaltung, Verwendung von natürlichem Dünger).

Aufgaben

1. „Ökoprodukte sind teurer als Produkte aus der konventionellen Landwirtschaft." (M4).
   a) Erkläre diese Aussage.
   b) Erläutere, warum Ökoprodukte bei der Direktvermarktung billiger werden.
2. Erkläre, ob die Produktionsweise von Frau Mues ökologisch ist.

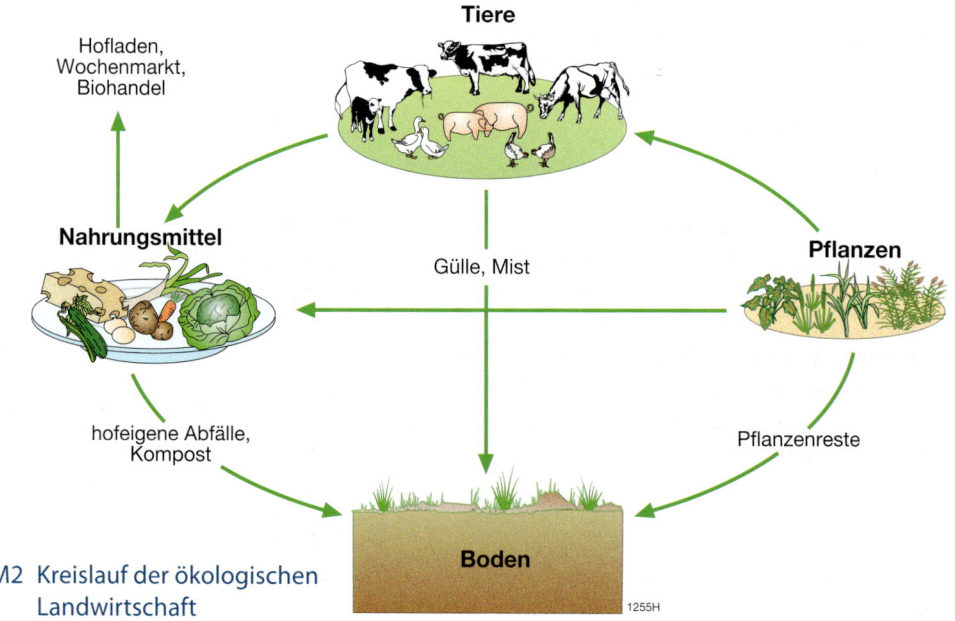

M2 Kreislauf der ökologischen Landwirtschaft

Land- und Forstwirtschaft

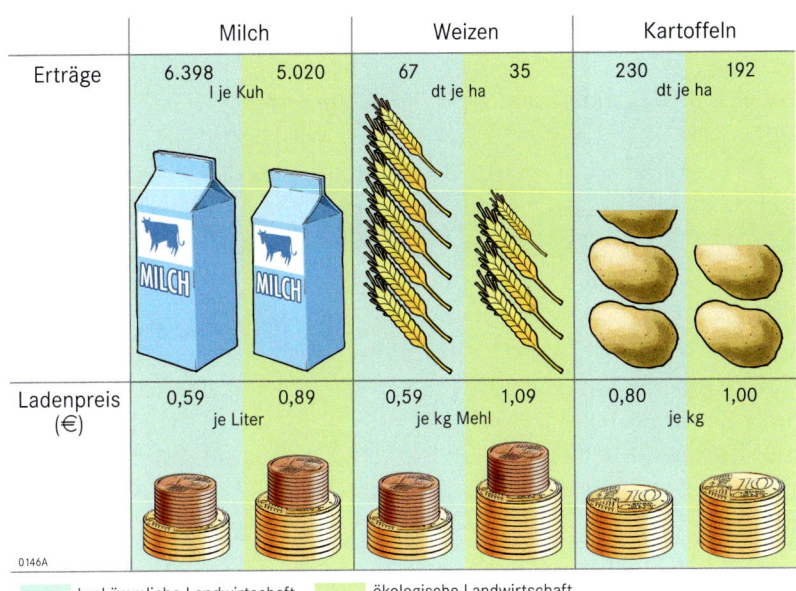

M4 Erträge und Preise der konventionellen und der ökologischen Landwirtschaft im Vergleich

Aufgaben

3 a) Beschreibe die Entwicklung des Ökolandbaus in Deutschland (M6).
   b) Begründe die Entwicklung.
4 Stelle den Kreislauf der ökologischen Landwirtschaft dar (M2). Schreibe dazu einen kurzen Text.
5 Erkläre die Funktion des Bio-Siegels (M3).
   Arbeitsheft

Frau Mues ist Landwirtin und arbeitet auf dem Lindhof. Sie berichtet:
„Auf unserem Ökohof sind der Anbau der Pflanzen und die Tierhaltung anders organisiert als in der konventionellen, oder wie sie auch oft genannt wird, herkömmlichen Landwirtschaft. Durch eine schonende Wirtschaftsweise versuchen wir, auf unseren Feldern die natürlichen Abläufe im Boden möglichst wenig zu beeinflussen.

Auch die Bedürfnisse der Tiere haben bei uns einen besonders hohen Stellenwert. Auf den Feldern unseres Lindhofes verwenden wir keinen künstlichen Dünger, sondern nur den von den Tieren erzeugten Mist. Kleegras ist fester Bestandteil der Fruchtfolge, um die Bodenqualität auf natürliche Weise zu steigern.

Die Ackerfrüchte haben eine bestimmte Reihenfolge, damit Schädlinge abgehalten werden. Bei der Unkrautbekämpfung verzichten wir beim ökologischen Landbau auf den Einsatz von chemischen Mitteln. Unsere Tiere haben mehr Platz als in Betrieben der konventionellen Landwirtschaft. Die ganzjährige Stallhaltung ohne Auslauf ist beim ökologischen Landbau, wie wir ihn betreiben, verboten.

In den Sommermonaten verbringen unsere Tiere viel Zeit auf den Weiden. Dadurch wird die Gesundheit der Tiere durch die frische Luft und die wärmenden Sonnenstrahlen gefördert."

M5 Hofladen

	1996	2004	2007	2010
Fläche (in ha)	354 000	767 000	865 000	990 000
Anteil an der landwirtschaftlichen Nutzfläche (in %)	2,1	4,5	5,1	5,9
Betriebe (Anzahl)	7 353	16 603	18 703	21 042

M6 Entwicklung des Ökolandbaus in Deutschland

21

Ökologische und konventionelle Landwirtschaft

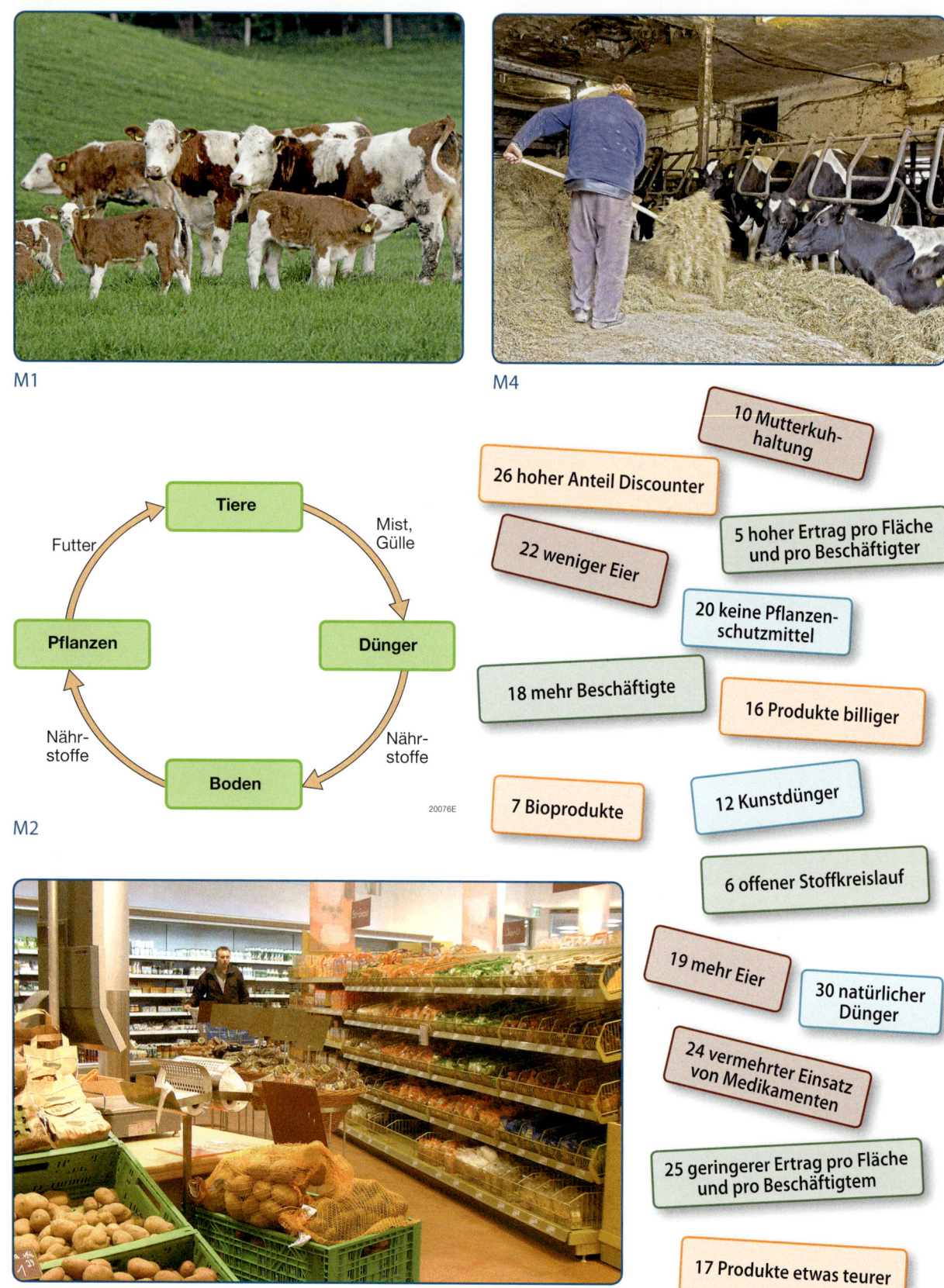

M1

M4

M2

M3

- 10 Mutterkuhhaltung
- 26 hoher Anteil Discounter
- 5 hoher Ertrag pro Fläche und pro Beschäftigter
- 22 weniger Eier
- 20 keine Pflanzenschutzmittel
- 18 mehr Beschäftigte
- 16 Produkte billiger
- 7 Bioprodukte
- 12 Kunstdünger
- 6 offener Stoffkreislauf
- 19 mehr Eier
- 30 natürlicher Dünger
- 24 vermehrter Einsatz von Medikamenten
- 25 geringerer Ertrag pro Fläche und pro Beschäftigtem
- 17 Produkte etwas teurer

Land- und Forstwirtschaft

M5

M6

- 13 Käfighaltung
- 11 geringerer Ernteertrag
- 23 Massentierhaltung
- 29 geringere Milchleistung
- 3 Pflanzenschutzmittel
- 8 hoher Anteil Direktvermarktung
- 2 höhere Erträge
- 9 höherer Ernteertrag
- 27 mehr Fleisch
- 1 Freilandhaltung
- 15 konventionelle Produkte
- 4 weniger Beschäftigte
- 21 weniger Fleisch
- 28 geschlossener Stoffkreislauf
- 14 artgerechte Tierhaltung

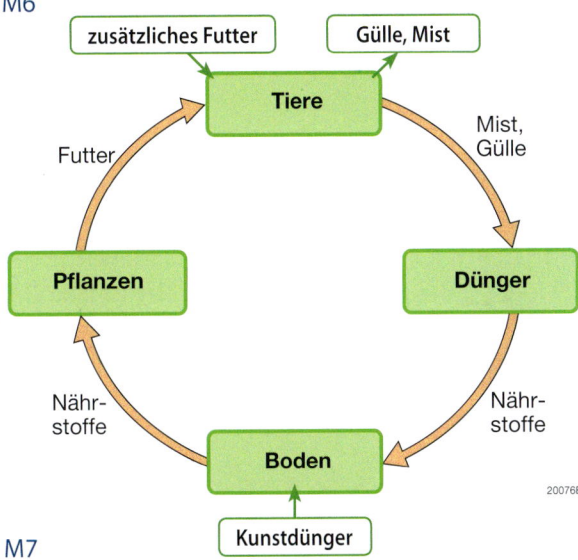

M7

Aufgabe

1 Ökologische und konventionelle Landwirtschaft unterscheiden sich sehr voneinander.
30 Begriffe und Stichpunkte sowie sieben Materialien sind durcheinandergeraten.
Übertrage die Tabelle in dein Heft.
Ordne die Zahlen vor den 30 Begriffen und Stichpunkten sowie die Materialien (M1–M7) jeweils der ökologischen bzw. der konventionellen Landwirtschaft zu.
Ordne sie auch den Bereichen I bis IV in der Tabelle zu.

Bereich	ökologische Landwirtschaft	konventionelle Landwirtschaft
I Viehzucht		
II Ackerbau		
III Landwirtschaftsbetrieb		
IV Vermarktung		

Landwirtschaft in Thüringen

M1 Landwirtschaftlich genutzte Fläche in Thüringen (Gleichamberg vor dem Großen Gleichberg)

Bedeutung der Landwirtschaft

Mehr als die Hälfte der Landesfläche Thüringens wird landwirtschaftlich genutzt. Damit ist die Landwirtschaft der größte Flächennutzer Thüringens.

Die Landwirtschaft in Thüringen:
- produziert hochwertige Nahrungsmittel,
- erzeugt nachwachsende Rohstoffe,
- erzeugt Bioenergie,
- pflegt die Kulturlandschaft,
- erbringt Leistungen im Naturschutz,
- sichert Arbeitsplätze und ist ein wichtiger Wirtschaftsfaktor im ländlichen Raum.

Hättest du gedacht, dass die Landwirtschaft für Thüringen so wichtig ist?

Natürliche Voraussetzungen

Thüringen hat sehr unterschiedliche natürliche Voraussetzungen für die Landwirtschaft. Das Thüringer Becken ist durch die besten Böden und die guten Klimabedingungen ein landwirtschaftlicher Gunstraum. Hier wird vor allem Ackerbau betrieben, während die Viehzucht vorwiegend in den Vorländern der Mittelgebirge zu finden ist. Einen stetigen Aufschwung hat der ökologische Landbau genommen. Von 1993 bis 2009 hat sich die ökologisch bewirtschaftete Fläche in Thüringen fast versechsfacht. Sie beträgt heute etwa 2 Prozent der Gesamtfläche.

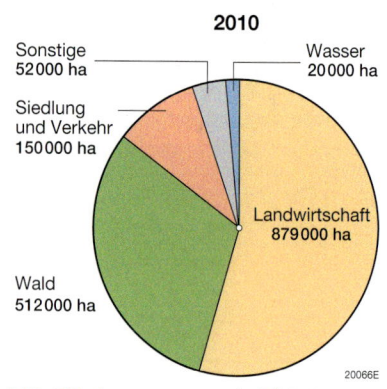

M2 Flächennutzung in Thüringen

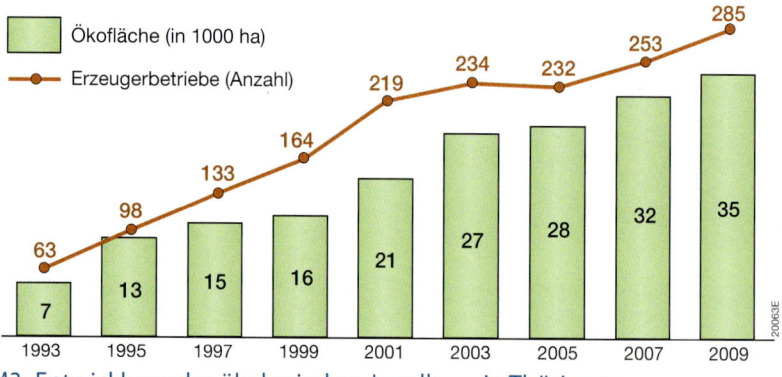

M3 Entwicklung des ökologischen Landbaus in Thüringen

Land- und Forstwirtschaft

Biomasseproduktion

Ein immer wichtiger werdender Bereich der Thüringer Land- und Forstwirtschaft ist die Biomasseproduktion zur Energieerzeugung. Wichtige Erzeugnisse dabei sind Biogas und Biodiesel.

Dafür werden in Thüringen verwendet:
- Waldholz
- Rapsöl
- Grünmaterial (Gras)
- Restholz aus der Industrie
- Stroh
- Gülle aus der Viehzucht

Die Energieerzeugung aus der umweltfreundlichen Biomasseproduktion hat sich in Thüringen in den letzten zehn Jahren mehr als verfünffacht.

M5 Biogasanlage und Biomasseheizwerk (rechts) – Holzhackschnitzel werden im Biomasseheizwerk zur Energie- und Wärmeerzeugung genutzt

Rapsfeld bei Eisenach

Restholz aus der Industrie

Maschineller Anbau auf großen Flächen

Auf dem größten Teil der Ackerfläche werden Getreide und Ölfrüchte (z. B. Raps) angebaut. Drei Viertel aller Landwirtschaftsbetriebe halten Vieh. Dies ist für einen natürlichen Kreislauf wichtig.

In den letzten Jahren produzierten immer weniger Landwirtschaftsbetriebe auf immer größeren Flächen. Allerdings stellen sie viel mehr her als früher. Die geringeren Verdienstmöglichkeiten im Vergleich zu anderen Wirtschaftsbereichen und familienunfreundliche Arbeitszeiten können zur Schließung von Landwirtschaftsbetrieben führen.

Aufgaben

1. Beschreibe die Landwirtschaft Thüringens. Formuliere zu jedem der folgenden Themen drei kurze Sätze. Trage diese zusammenhängend vor.
   - Bedeutung der Landwirtschaft
   - natürliche Bedingungen
   - Hauptprodukte/Entwicklung der Anbauflächen
   - Entwicklung des ökologischen Landbaus
   - Bedeutung der Biomasseproduktion.

2. Die Energiegewinnung aus Biomasse ist umweltfreundlicher als die aus Kohle oder Erdöl. Erkläre.

3. Beschreibe die Entwicklung des Verbrauchs von Biodiesel in Deutschland (M4).
   Arbeitsheft

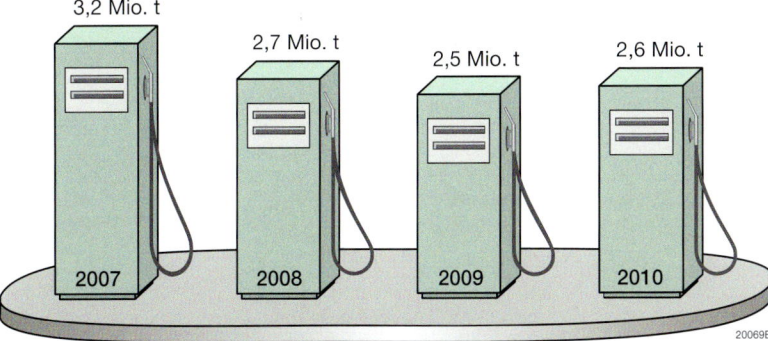

M4 Verbrauch von Biodiesel in Deutschland

Trockenfeldbau auf der Meseta

Landwirtschaft unter schwierigen Bedingungen

Wie auch in anderen Gebieten des Mittelmeerraumes betreiben die spanischen Bauern auf den Hochflächen der Meseta Trockenfeldbau. Dabei nutzen sie nur das Niederschlagswasser des regenreichen Winterhalbjahres. Das Wasser reichert sich im Boden an und sorgt so für die nötige Bodenfeuchte. Die Felder werden oft nur alle zwei Jahre bebaut. Während der Brachezeit kann der Boden wieder ausreichend Wasser und Nährstoffe ansammeln. Die Speicherfähigkeit wird durch das Pflügen zu Beginn der Trockenbrache erhöht.

Der Trockenfeldbau ist den klimatischen Verhältnissen im Süden Europas angepasst. Die Wachstumszeit liegt in den milden und feuchten Wintermonaten. Die Reifephase und Erntezeit fällt auf den Frühsommer.

Auf den Feldern gedeihen einjährige Anbaukulturen wie Sonnenblumen, Weizen und Gerste. Der Arbeitsaufwand für den Getreideanbau ist relativ gering. Aber die Ernteerträge sind mitunter niedrig.

Es werden außerdem Strauch- und Baumkulturen gepflanzt wie Weinreben und Olivenbäume. Sie besitzen weitverzweigte und tief reichende Wurzeln und können so das Grundwasser nutzen. Auf diese Weise überstehen sie die trockenen und sehr warmen Sommer.

In den vergangenen Jahren versuchten die Bauern, ihre Erträge und Einnahmen durch einen intensiveren Anbau zu erhöhen. Dabei entfällt die Trockenbrache. Sie bestellen stattdessen ihre Felder mit Sonnenblumen.

Info

Meseta

Meseta ist die spanische Bezeichnung für Hochfläche und Hochplateau. Sie nimmt große Teile des Landesinneren Spaniens ein. Die Meseta ist durchschnittlich 600–800 m hoch.

1. Jahr
- Die Niederschläge nehmen von Januar bis September ab. Deshalb liegen in dieser Zeit die Felder trocken und brach (Trockenbrache). Sie werden nur gepflügt.
- Bei zunehmenden Niederschlägen ab Oktober werden die Felder wieder genutzt (Aussaat und Wachstum der Pflanzen).

2. Jahr
- Die Wachstums- und Reifezeit bis April setzt sich fort. Im Mai wird geerntet.
- Ab Ende Mai beginnt die Zeit der Grünbrache. Auf den abgeernteten und wieder trockenen Flächen weiden Schafe, die Unkraut und Pflanzenreste fressen. Die Tiere düngen zugleich den Boden auf natürliche Weise.

M1 Bearbeitung der Felder im Trockenfeldbau

Aufgabe

1 Beschreibe die Lage der Meseta (Info, Atlas).

M2 Felder auf der Meseta

Land- und Forstwirtschaft

M3 Bei der Olivenernte

M4 Nutzungsarten des Olivenbaumes

Info

Olivenbaum

Der Olivenbaum gehört zu den ältesten Kulturpflanzen der Erde. Er kann mehr als 1000 Jahre alt werden. Der wahrscheinlich älteste Olivenbaum stand bis 1998 in der Toskana (Italien) und fiel einem Brand zum Opfer. Er wurde vermutlich von einem römischen Legionär gepflanzt. Der Olivenbaum wird auch Ölbaum genannt, weil aus seinen Früchten vorwiegend Öl gewonnen wird.

Madrid / Spanien
667 m ü. M.   40°25'N/3°42'W
T = 14,3 °C
N = 459 mm

M6 Klimadiagramm von Madrid

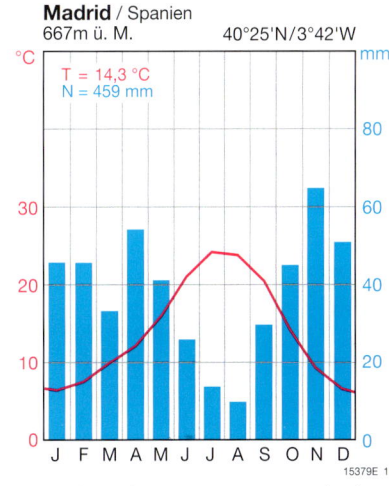

M5 Olivenölproduktion in Südeuropa

Aufgaben

2 Nenne Kulturen, die im Trockenfeldbau angebaut werden (Text).

3 Beschreibe die Arbeitsschritte eines Bauern beim Trockenfeldbau (M1).

4 a) Nenne die Erzeugerländer von Olivenöl (M5, Atlas).
  b) Werte das Klimadiagramm (M6) aus.

5 Nenne Verwendungsmöglichkeiten des Olivenbaums (M4).

Arbeitsheft

Bewässerungslandwirtschaft in der Huerta

M1 Obst und Gemüse aus Südeuropa (siehe auch Früchte unten)

Zu Besuch in der Huerta von Murcia

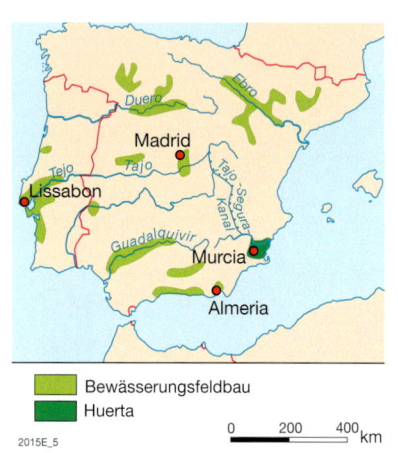

M2 Bewässerungsfeldbau und Huertas

Es sind Sommerferien. Sarah verbringt mit ihren Eltern den Urlaub an der Südostküste Spaniens. Ein Ausflug führt sie in die Huerta von Murcia. Der Reiseleiter erklärt, dass Huerta „Garten" bedeutet. Auf der Fahrt durch das Gebiet bemerkt Sarah bereits die vielen Felder. Auf ihnen wird Obst und Gemüse angebaut, das sie sonst nur aus dem heimischen Supermarkt kennt.

Die Urlauber besuchen ein kleines Gehöft inmitten der Felder. Vom Huertano, einem spanischen Bauern, erfahren die Besucher, dass viele Früchte, die sie in Deutschland kaufen können, aus dieser Region kommen. Da die Bauern Bewässerungsfeldbau betreiben, können sie mehrmals im Jahr ernten.

Sarah fragt neugierig:
„Woher kommt denn das ganze Wasser? Hier ist es doch so trocken im Sommer."
„Wir nutzen vor allem das Wasser der Flüsse Segura und Tajo. Es wird zum Teil über 400 km in Rohren, Kanälen und Gräben bis in die Huerta von Murcia geleitet. Aber wir nutzen auch das Grundwasser.", erklärt der Bauer.

Aufgaben

1. Beschreibe die Lage der Gebiete mit Bewässerungsfeldbau und die Lage der Huerta (M2).
2. Nenne Anbaukulturen des Bewässerungsfeldbaus (M1).
3. Erkläre die Funktionsweise sowie Vor- und Nachteile dieser Bewirtschaftungsform.

Arbeitsheft

Land- und Forstwirtschaft

M3 In diesen Rohren wird das Wasser vom Tajo zur Huerta geleitet.

M5 Furchenbewässerung

Veränderungen in den Huertas

Beim Rundgang durch die Felder des Bauern erfährt Sarah, dass sich in der Huerta von Murcia einiges verändert hat. Viele Kleinbauern mussten ihr Land an landwirtschaftliche Großbetriebe verkaufen, in denen der Bewässerungsfeldbau intensiv betrieben wird. Große Flächen der Huerta sind heute mit Plastikgewächshäusern und Folientunneln überzogen (siehe auch S. 8/9). Hier gedeihen Tomaten, Paprika, Artischocken und Melonen. Außerdem wachsen viele Orangen- und Mandarinenbäume in der Huerta.

Der Bauer erklärt weiter: *„Früher habe ich mit der Hacke Furchen angelegt, um das Wasser zu den Feldern zu leiten. In die Treibhäuser gelangt das Wasser jetzt in der benötigten Menge durch Schläuche zu jeder Pflanze. Diese Tröpfchenbewässerung ist eine sehr wassersparende Bewässerungsart. Aber eine solche Bewirtschaftung der Felder ist teuer und arbeitsaufwendig. Zum Schutz vor Schädlingen werden auch viele Pflanzenschutzmittel eingesetzt. An einigen Orten bilden sich Berge von Verpackungsmaterial und Folienabfällen."*

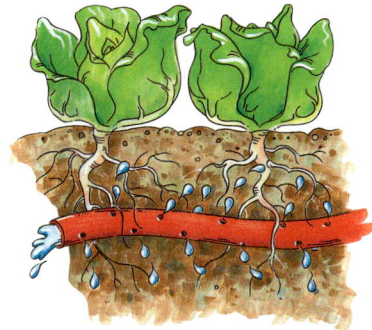

M6 Tröpfchenbewässerung

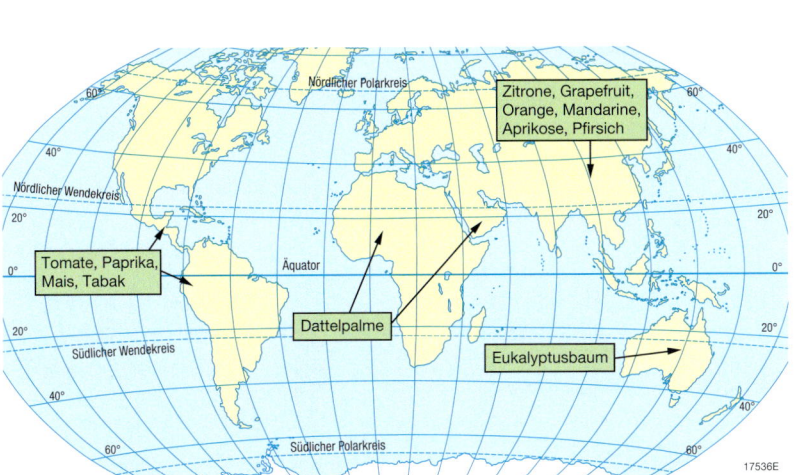

M4 Herkunft ausgewählter Kulturpflanzen

Gewächshausanbau – Spanien und Niederlande

Ganzjähriger Gewächshausanbau

Im Winter ist auch bei uns die Nachfrage nach frischem Obst und Gemüse sehr groß. Die Bauern im Süden Spaniens können einen Vorteil der Natur nutzen, die milden Winter mit Tagestemperaturen bis 20 °C und die lange Sonnenscheindauer. Obst und Gemüse können so auch im Winter als Gewächshauskulturen in unbeheizten Plastikhäusern angebaut werden (M3).

Das frische Gemüse wird sofort nach der Ernte sortiert, verpackt und in Kühlwagen bis zu uns nach Deutschland transportiert. Es dauert keine 48 Stunden, dann haben die Lkws ihr Ziel über das weitverzweigte europäische Autobahnnetz erreicht.

M1 Gewächshausgemüse aus Südeuropa

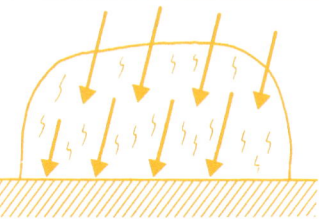

Sonnenlicht dringt ungehindert ein und erhitzt den Boden. Die Plastikfolie verhindert das Entweichen der Wärme und Feuchtigkeit der Luft. *Vergleich*: Auto im Sommer bei geschlossenen Fenstern.

M2 Unbeheiztes Plastiktreibhaus

Aufgaben

1. Erkläre, warum in Gewächshäusern ganzjährig Obst und Gemüse angebaut werden kann (M2).
2. Erläutere die Veränderungen in der Landwirtschaft (M3).
3. Erläutere Nachteile der Landwirtschaft in Plastiktreibhäusern.

„Wenn ich mir heute meine Heimat so anschaue, dann hat sich in den letzten Jahren vieles verändert. Sehen Sie sich nur diese weiten in der Sonne glitzernden Flächen an. Da lagen früher Olivenhaine, Obstpflanzungen und Getreidefelder. Mit der Hacke habe ich Furchen ausgehoben und das Flusswasser auf die Felder geleitet. Und heute? Die ganze Küstenebene ist von großen Plastiktreibhäusern bedeckt.
Ausgerechnet hier, im trockensten Teil Spaniens, bauen wir ganzjährig Obst und Gemüse für den Export an. Unser größtes Problem ist dabei die Wasserversorgung, da wir im Sommer, wenn monatelang kein Regen fällt, unsere Felder bewässern müssen. Die Regierung hat schon vor dreißig Jahren Rohrleitungen und Kanäle gebaut, in denen Wasser aus dem niederschlagsreichen Norden in den Süden gepumpt wird. Aber das reicht nicht aus. So bohren wir selbst immer tiefere Brunnen, um Grundwasser zu fördern. Die Belüftung und Wasserverteilung in den Treibhäusern wird von Computern gesteuert – genauso wie in den Niederlanden."

M3 Bericht von Juan Gonzales, Gemüsebauer in der Provinz Almeria

Land- und Forstwirtschaft

Die mit Folienhäusern überbaute Fläche wird in den südspanischen Küstengebieten ständig vergrößert. Viele Treibhäuser werden ohne Genehmigung der Behörden errichtet. Selbst in Naturschutzgebieten sind neue Felder angelegt worden. An vielen Stellen türmen sich Berge von Plastikabfällen und Verpackungsmaterial.

Um die Kulturen vor Pflanzenkrankheiten und Schädlingen zu schützen, werden viele chemische Pflanzenschutzmittel auf den Flächen ausgebracht. Bei unsachgemäßer Handhabung gelangen diese ins Grundwasser oder belasten die Flüsse. Durch den Bau neuer Tiefbrunnen sinkt der Grundwasserspiegel immer weiter ab.

Die Wasserknappheit führt auch zu Konflikten mit dem Fremdenverkehr.

M5 Glashauslandschaft in den Niederlanden

In den Hotels und Ferienanlagen verbrauchen die Touristen große Mengen Wasser.
Und welcher Tourist möchte seinen Urlaub in einem Intensivlandwirtschaftsgebiet verbringen?

Aufgabe

4 Vergleiche den Gewächshausanbau in Spanien und in den Niederlanden.

M4 Gewächshausfläche in den Niederlanden

Anbau in „gläsernen Fabriken"

Bereits vor 150 Jahren errichteten holländische Bauern die ersten Glashäuser. Sie bestanden damals aus einfachen Glasplatten, die man gegen eine Mauer lehnte. Erst um 1900 wurden richtige Gewächshäuser gebaut, die zu beheizen waren.

Heute reihen sich vor allem im Westen der Niederlande Tausende von Glashäusern aneinander. Etwa drei Viertel der Produktion der niederländischen Gewächshäuser werden exportiert, der größte Teil nach Deutschland.

In den vergangenen Jahren nahm die Anzahl der Betriebe ab. Das ist eine Folge der Konkurrenz südeuropäischer Landwirte. Diese können ihre Produkte billiger anbieten.
Einige niederländische Landwirte haben deshalb ihre Produktion bereits nach Spanien oder sogar nach Marokko verlagert.

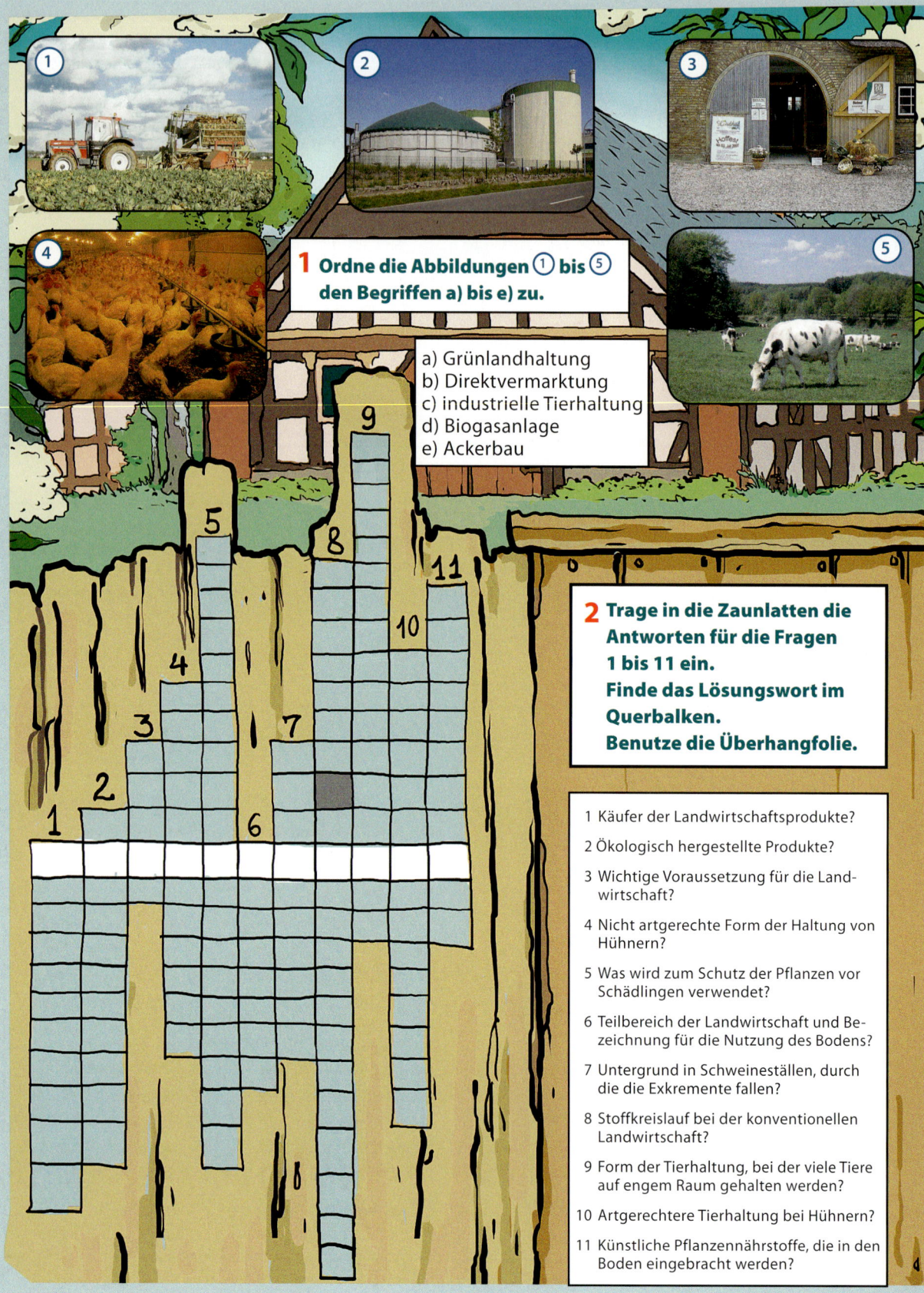

3 Bilderrätsel

a) Ordne den Bildpaaren geeignete Überschriften zu.
b) Erkläre deinen Mitschülern die dargestellten Sachverhalte.
c) Formuliere Zusammenhänge, die durch die Bildpaare dargestellt sind.

Das kannst du jetzt:

– Merkmale der konventionellen und ökologischen Forstwirtschaft benennen und beurteilen,
– Merkmale der konventionellen und ökologischen Landwirtschaft benennen und beurteilen,
– die Art der Land- und Forstwirtschaft am Beispiel verschiedener Räume beschreiben.

Du kannst dabei folgende Fachbegriffe verwenden:
Bewässerungsfeldbau
Bioprodukt
Boden
Gewächshauskultur
industrielle Tierhaltung
Kahlschlag
landwirtschaftlicher Gunstraum
Nachhaltigkeit
Nationalpark
Plenterwald
Trockenfeldbau
Urwald

4 Aussagen zur Land- und Forstwirtschaft

Schätze ein, ob die Aussagen richtig oder falsch sind. Korrigiere die falschen Aussagen.

1. Das FSC-Zeichen bedeutet, dass man die Hühnereier, die damit gekennzeichnet sind, bedenkenlos essen kann.
2. 10 Prozent der Fläche Thüringens werden landwirtschaftlich genutzt.
3. Der Trockenfeldbau ist den klimatischen Bedingungen in Spanien angepasst.
4. Der Anbau in Plastikgewächshäusern in Spanien hat nur Vorteile.
5. Durch eine ökologische Bewirtschaftung ist der Wald widerstandsfähiger gegen Stürme und Schädlinge.
6. Eine artgerechte Tierhaltung steht bei der ökologischen Landwirtschaft im Mittelpunkt.
7. In Biogasanlagen kann umweltfreundlich Energie gewonnen werden.

Tourismus

Tourismus an der Nord- und Ostseeküste	**36**
Bedrohte Küste	**38**
Ein Rollenspiel durchführen	**39** METHODE
Urlaub im Nationalpark Wattenmeer	**40**
Tourismus in Thüringen	**42**
Tourismus in den Alpen	**44**
Arbeit mit Material	**46** METHODE
Der andere Urlaub – sanfter Tourismus	**48**
Tourismus am Mittelmeer	**50**
Einen Steckbrief einer Region erstellen	**52** METHODE
Gewusst – gekonnt	**54** ALLES KLAR

Hoffentlich finde ich noch ein schattiges Plätzchen!

M1 Massentourismus an der spanischen Mittelmeerküste

35

Tourismus an der Nord- und Ostseeküste

M1 Ostfriesische Inseln

M2 Ein Strand – viele Strandkörbe – viele Urlauber und Touristen

Die Küste als Touristenmagnet

Bis zu vier Millionen Menschen reisen jährlich an die Nord- und Ostseeküste, um ihre Ferien oder ihren Urlaub dort zu verbringen. Erfahrungen und Vorstellungen lösen bei vielen eine Sehnsucht nach Meer, Strand, Sonne, Wind, Ruhe und stürmischer See aus.

Sowohl für Kinder und Jugendliche als auch für Erwachsene bietet die Küstenregion eine Vielzahl von Erholungsmöglichkeiten.
Die einen baden im Meer, sonnen sich, sammeln Steine und Muscheln am Strand oder lassen Drachen steigen. Andere genießen es, am Strand entlang zu laufen und dabei die frische Seeluft einzuatmen oder frischen Fisch in einer Gaststätte zu essen.

Damit viele Gäste Urlaub machen können, sind viele Menschen in verschiedensten Dienstleistungsbetrieben wie Hotels, Gaststätten, Kiosken, Verleihstationen, Museen, Kinos und Tauchschulen beschäftigt. Diese Betriebe gehören zu einem Wirtschaftszweig, den man als Tourismus bezeichnet. In diesem Zweig entstehen immer mehr Arbeitsplätze. Wenn allerdings die Anzahl der Gäste ständig zu groß ist und der Tourismus zum Massentourismus wird, entstehen auch Nachteile für die Küstenregion.

Aufgaben

1. Beschreibe die Lage von Norderney (Atlas).
2. Wäre die Nord- oder Ostseeküste für dich ein Urlaubsziel? Begründe.
3. Erkläre, woher der Begriff Tourismus stammt.
4. Nenne wesentliche Vorteile, die der Tourismus der Küstenregion bringt.

Info

Tourismus

Abgeleitet ist dieser Begriff vom französischen Substantiv le tour, was soviel wie Reise oder Rundgang bedeutet.
Tourismus (Fremdenverkehr) ist ein Wirtschaftszweig des Dienstleistungsbereiches. Die Betriebe dieses Bereiches beherbergen, verpflegen, befördern und unterhalten vor allem Urlauber (Touristen).
Dort, wo Touristen gehäuft auftreten, spricht man von Massentourismus. Betreibt man einen Tourismus, der die Natur schont, nennt man das sanften Tourismus (siehe auch S. 48).

Tourismus

Nachteile des Massentourismus

Da die meisten Touristen mit dem Pkw in den Urlaubsorten anreisen, erhöht sich das Verkehrsaufkommen. Neben dem Lärm der Fahrzeuge, dem die Anwohner ausgesetzt sind, belasten die Autoabgase die Umwelt.

Dort, wo viele Menschen versorgt werden müssen oder sich selbst versorgen, entsteht viel Müll. Immer wieder fällt auf, dass nicht alle Gäste ihren Müll an den dafür vorgesehenen Stellen entsorgen. Außerdem ist zu beobachten, dass vor allem Kinder und Jugendliche häufig in den Dünen herumtollen, ohne zu wissen, dass diese Dünen natürliche Schutzwälle für das Hinterland der Küste und Lebensräume für zahlreiche Tiere und Pflanzen sind.

Die schwersten Eingriffe in die Natur erfolgen aber durch den Bau von Urlaubersiedlungen, Hotels, Straßen und Parkplätzen. Dadurch wird immer mehr Fläche bebaut.

Außerdem steigen der Trinkwasserverbrauch und das Abwasseraufkommen. Während Trinkwasser aus dem Grundwasser gewonnen wird, muss Abwasser in Kläranlagen gereinigt werden. Beides verursacht hohe Kosten.

Sanfter Tourismus oder Massentourismus! Wie stehst du dazu? Bin auf deine Meinung am Endes des Kapitels sehr gespannt!

M5 Insel Rügen

M3 Müll am Strand der Nordsee

Um möglichst viel Geld durch den Massentourismus einzunehmen, wurde die Schädigung der Natur lange Zeit in Kauf genommen. Da aber viele Gemeinden entlang der Küste immer mehr Geld für die Beseitigung der Schäden aufwenden müssen und die Gästezahlen teilweise schon rückläufig sind, hat ein Umdenken angefangen. Immer mehr Ferienorte setzen auf den sanften Tourismus.

M4 Ein Umdenken setzt ein

Aufgaben

5 Zeige Rügen an der Wandkarte.

6 Nenne Nachteile, die der Massentourismus mit sich bringt.

7 Von den Dünen in den weichen Sand zu springen macht vor allem Kindern und Jugendlichen Spaß. Nimm Stellung zu diesem Verhalten.

8 Nenne Möglichkeiten, wie du dich im Urlaub an der Küste umweltfreundlich verhalten kannst.

Bedrohte Küste

Aufgaben

1. Nenne Ursachen und Folgen der Gefährdung der Küste (M2).
2. Beurteile das Verhalten von Max (M1). Schreibe ihm einen Antwortbrief.

Arbeitsheft

Gefährdung der Natur

In den Badeorten, Ferienzentren und auf den Campingplätzen geht es oft zu wie in Großstädten. Unvernünftige Gäste verschmutzen die Strände mit Plastikmüll, klettern am Hang der Steilküste, laufen durch Dünen, Schutzwälder und sogar Schutzgebiete.

Sie verursachen enormen Lärm, der viele Tiere bei der Aufzucht ihrer Jungen stört. Abwässer der privaten Haushalte und aus Viehzuchtbetrieben sowie Industrieabfälle und Verunreinigungen durch Schiffe tragen ebenfalls zur Gefährdung der Küste bei.

Es kommt zur Zerstörung von Dünen, zu Steilhangabbrüchen sowie zur Schädigung der Tier- und Pflanzenwelt. Viele Fische, Robben und Seevögel sterben jedes Jahr qualvoll nach der Aufnahme von Abfallstoffen. Auch das Landschafts- und Städtebild wurde durch die zahlreichen Hotels, Ferieneinrichtungen und Verkehrswege stark verändert.

Zur Erhaltung der Schönheit des Küstenraumes wurden Gebiete unter Schutz gestellt, wie die Nationalparks Vorpommersche Boddenlandschaft, Niedersächsisches, Hamburgisches und Schleswig-Holsteinisches Wattenmeer.

Ziel ist ein umweltfreundlicher „Tourismus mit Einsicht". Dazu gehören die Nutzung natürlicher Baumaterialien, die Beachtung der landestypischen Bauweise, die Bevorzugung von Nahrungsmitteln aus der Region, Müllvermeidung sowie der sparsame Umgang mit Trinkwasser. Ein modernes Nahverkehrssystem würde zusätzlich den Pkw-Verkehr verringern.

Liebe Eltern,
wie versprochen, schreibe ich euch von meiner Jugendherbergsfahrt. Gleich am ersten Tag sind wir an den Strand und haben uns in den Dünen richtig ausgetobt. Dort haben wir brütende Vögel gesehen. Wir haben sie weggescheucht, um uns die Eier und die Jungvögel anzuschauen. Nachmittags sind wir durch das Watt gewandert, um die Robbenbänke zu besuchen. Weil wir so viel Lärm gemacht haben, waren leider keine Robben zu sehen. Abends haben wir am Strand ein Lagerfeuer und Picknick gemacht. Das Holz holten wir von Bäumen aus den Dünen. Als wir heute dort vorbeikamen, lagen noch alle Reste herum und es sah wild aus. Heute werde ich für euch noch einen Strauß mit Strandhafer pflücken. Ihr werdet euch sicher freuen.
Liebe Grüße,
Euer Max

M1 Brief von Max an seine Eltern

M2 Die Küsten werden bedroht – weshalb?

Ein Rollenspiel durchführen

METHODE

„Tourismus mit Vernunft?"

In einem kleinen Küstenort auf Rügen soll ein neues Hotel mit 300 Zimmern gebaut werden. Die Bewohner sind aufgerufen, ihre Meinung vor der Gemeindeversammlung zu äußern und Argumente für bzw. gegen den Bau vorzubringen und über den Bau abzustimmen.

So gehst du vor

1. **Schritt: Planung**
   - Macht euch mit dem Thema vertraut.
   - Verteilt die Rollen und versetzt euch in die Lage der Personen.
   - Besorgt euch Materialien zur Ausgestaltung.

2. **Schritt: Durchführung**
   - Gestaltet die Rollen spontan, ohne Drehbuch.
   - Wer keine Rolle hat, ist Zuschauer und macht Notizen zu Argumenten, die ihm gut oder nicht so gut gefallen haben.

3. **Schritt: Auswertung**
   - Spieler und Zuschauer berichten, was ihnen in den Szenen aufgefallen ist.
   - Diskutiert, ob das Spiel in Wirklichkeit so hätte ablaufen können.

Aufgabe

3 Gestaltet ein Rollenspiel, in dem ihr die Hoffnungen und Erwartungen, aber auch die Ängste und Befürchtungen der Bewohner des Ortes nachvollzieht.

Du bist **Kevin**, ein Bauunternehmer für traditionellen Haus- und Grünanlagenbau.

Du bist **Jens**, Mitarbeiter der Nationalparkverwaltung, und für den Schutz der Tier- und Pflanzenwelt im angrenzenden Nationalpark verantwortlich.

Du bist **Karl**, ein Strandwart, und sorgst für die Sauberkeit der Strände.

Du bist **Daniel**, der Bürgermeister, und sollst die Gemeindeversammlung leiten.

Du bist **Teresa**, eine Bewohnerin, und liebst Ruhe und Sauberkeit im Ort.

Du bist **Sven**, Kapitän, und Besitzer eines Ausflugsschiffes.

Du bist **Linda**, eine Eisverkäuferin, und besitzt eine Eisbar an der Seebrücke.

Du bist **Eric**, ein Öko-Bauer, und produzierst frisches Obst, Gemüse und Milch.

Du bist **Karsten**, ein Fischer, und betreibst mit deinem Sohn Küstenfischerei.

Du bist **Eva**, eine Kellnerin, und fährst täglich fast 20 Kilometer zur Arbeit.

Du bist **Anna**, eine arbeitslose Hotelfachfrau.

Urlaub im Nationalpark Wattenmeer

Urlaub an der Nordsee – mitten im Nationalpark Wattenmeer

Jedes Jahr fahren Tausende Mädchen und Jungen mit ihren Eltern im Urlaub an die Nordseeküste. Alle Urlaubsorte an der deutschen Nordseeküste liegen mitten im Nationalpark Wattenmeer.

Aber nicht nur das Sonnen am Strand und das Baden im Meer locken Urlauber und Touristen an die Nordsee. Hier kann man sich außerdem bei einer Vielzahl anderer Freizeitaktivitäten erholen. So können die Urlauber geführte Wanderungen und Fahrten im Wattenmeer (kurz auch Watt genannt) unternehmen und Tiere, die auf den Salzwiesen im Deichvorland und auf den Sandbänken leben, beobachten.
Als Watt wird der Teil des Meeresbodens bezeichnet, der bei Flut vom Meer bedeckt ist und bei Ebbe trockenfällt.

M1 Im Wattwagen über den Meeresboden

„Meine Vater hat mir schon erzählt, dass der schlammige Meeresboden, der bei Ebbe freigelegt ist, Lebensraum für viele Lebewesen wie Muscheln, Schnecken oder Krabben ist. War doch toll, unsere Wattwanderung vorbei an den kleinen Gräben, über die das Wasser bei Ebbe und Flut zu- und abläuft. Schön, dass wir auch Seehunde weit am Horizont auf einer Sandbank gesehen haben. So, nun lass uns umkehren, da die Flut bald einsetzt."

M2 Leon berichtet von einer Wattwanderung

M3 Nationalparks an der Nordseeküste

Tourismus

Schutzzonen im Nationalpark Niedersächsisches Wattenmeer

Auch im Nationalpark Niedersächsisches Wattenmeer hat der Schutz der Natur einen besonders hohen Stellenwert. Weil sich aber Einheimische, Urlauber und Touristen an der Schönheit und Einzigartigkeit dieser Landschaft erfreuen sollen, wurden Schutzzonen mit unterschiedlichem Nutzungsgrad eingerichtet (M4).

Zone I: Die Ruhezone ist am strengsten geschützt und darf ganzjährig nur in wenigen Bereichen auf markierten Wegen oder bei geführten Wattwanderungen betreten werden.

Zone II: Die Zwischenzone darf auf ausgewiesenen Wegen ganzjährig betreten werden (ausgenommen sind Vogelschutzgebiete). Das Baden, Fischen und Jagen ist hier erlaubt.

Zone III: Die Erholungszone ist zur vielfältigen Nutzung durch den Menschen freigegeben. Hier dürfen auch Hotels und Freizeiteinrichtungen gebaut werden.

Schützenswert ist dieses Gebiet unter anderem deshalb, weil dort:

- Millionen Vögel brüten, fressen und rasten;
- rund 250 besondere Tierarten leben, die es in keinem anderen Gebiet der Erde gibt;
- der wichtigste Lebensraum für Seehunde und vieler Fischarten ist.

Aufgaben

1. a) Nenne die drei Zonen im Nationalpark Niedersächsisches Wattenmeer (Text im Kasten links).
   b) Beschreibe ihre Lage (M4).
2. a) Erläutere, worauf du in den verschiedenen Schutzzonen achten musst.
   b) Begründe, warum diese Schutzmaßnahmen notwendig sind.

M5 Seehunde im Watt (Nordsee)

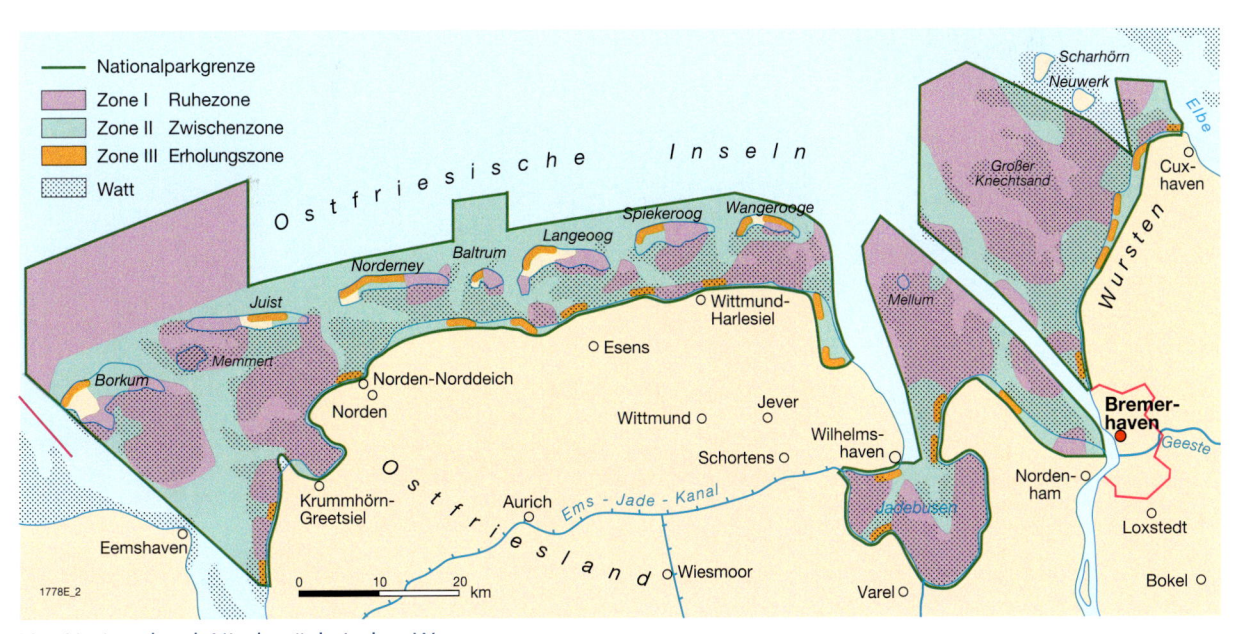

M4 Nationalpark Niedersächsisches Wattenmeer

Tourismus in Thüringen

Oberhof – das Wintersport-, Wander- und Eventzentrum im Thüringer Wald

Mehr als 100 000 Touristen kommen jedes Jahr aus aller Welt nach Oberhof, in einen der bekanntesten Orte des Thüringer Waldes. Was aber zieht die Besucher jeden Alters an? Es sind sowohl die Sport- und Erholungsmöglichkeiten für jedermann, als auch die Sport- und Kulturevents im Sommer und im Winter.

Im Sommer strömen Tausende Fans zu den Open-Air-Konzerten von Künstlern verschiedenster Musikrichtungen oder erwandern die reizvolle Umgebung.

Oberhof ist in jedem Winter Ausrichter von Wintersport-Weltcups im Biathlon, Rennrodeln, Bobfahren und im Langlauf.

Weitere interessante Sportereignisse sind der seit 1973 jedes Jahr im Mai stattfindende Guts-Muths Rennsteiglauf und der seit 1977 im Winter ausgetragene „Rennsteig-Skilauf".

„Skilanglauf ist heute das ganze Jahr über in Oberhof möglich" – diese Schlagzeile konnte man Ende August 2009 in Zeitungen lesen. Für Spitzensportler im Langlauf und im Biathlon, aber auch für Freizeitsportler, wurde eine Skisporthalle gebaut. Die Langlaufstrecke ist knapp zwei Kilometer lang. Die Kunstschneehöhe beträgt in der Halle 40 Zentimeter. Eingebaut sind Abfahrten und anspruchsvolle Steigungen. Es ist die erste Langlaufhalle in Deutschland.

Allerdings sind nicht alle Menschen von dieser Skihalle begeistert. Ihr Bau hat tiefe Spuren in der Natur hinterlassen. Viele Bäume mussten gefällt und eine große Fläche planiert werden. Dadurch wurde viel Lebensraum von Pflanzen und Tieren zerstört. Außerdem verbraucht die Beschneiungsanlage vor allem im Sommer viel Energie.

M1 Lage von Oberhof

M2 Blick auf die Skihalle in Oberhof

M3 Publikumsmagnet Biathlon-Weltcup

Tourismus

M4 Snowtubing in Siegmundsburg (Kreis Sonneberg)

M5 Saaleschleife an der Teufelskanzel

Thüringer Schiefergebirge – Wald und noch viel mehr für Urlauber

Wenn sich Thüringer Wald und Thüringer Schiefergebirge auch in ihren Gesteinen und Oberflächenformen unterscheiden, der 168 Kilometer lange Rennsteig-Wanderweg und der 195 Kilometer lange Rennsteig-Radweg verbinden diese beiden Gebirge. Von Hörschel an der Werra, nach Blankenstein an der Thüringischen Saale oder in umgekehrter Richtung laden Wander- und Radweg zu kurzen oder langen, schnellen oder geruhsamen Etappen ein.

Allerdings hat das Thüringer Schiefergebirge keinen zentralen Urlaubsort aufzuweisen. Attraktive Tourismusangebote für jung und alt gibt es hier in zahlreichen Orten.

Ausgewählte Angebote im Thüringer Schiefergebirge:

- die Feengrotten in Saalfeld
- das Deutsche Goldmuseum in Theuern
- das Deutsche Spielzeugmuseum in Sonneberg
- das Deutsche Schiefermuseum und Thüringens größtes Skigebiet, die Skiarena, in Steinach
- die Farbglashütten in Lauscha und Umgebung
- die Morassinahöhle in Schmiedefeld
- Snow- und Sommertubing-Anlage mit Sprungschanze in Siegmundsburg
- das „Thüringer Meer": Stauseen der Hohenwarte- und der Bleilochtalsperre an der Saale
- das technische Denkmal „Historischer Schieferbergbau" in Lehesten
- die Saaleschleife an der Teufelskanzel bei Paska

Es lohnt sich, Thüringen, das „grüne Herz Deutschlands", zu entdecken.

Aufgaben

1 Beschreibe die Lage von Oberhof (M1).

2 Nenne Möglichkeiten der Freizeitgestaltung im Sommer und im Winter in beiden Gebirgen.

3 a) Beschreibe die Lage der genannten Orte mit touristischen Angeboten (Atlas, Internet).

b) Wähle zwei Orte aus und beschreibe, was man dort sehen und erleben kann (Atlas, Internet).

Tourismus in den Alpen

Die Alpen – ein Tourismusmagnet

Ein Mitarbeiter des Fremdenverkehrsamtes Garmisch-Partenkirchen berichtet:

„Jeden Tag könnten wir in den Hotels, Gasthöfen und Ferienwohnungen 10 000 Gäste aufnehmen.
Die ersten Urlauber kamen in der Mitte des 18. Jahrhunderts in den Ort. Mitte des 19. Jahrhunderts gab es nur wenige Fremdenzimmer. So verzeichneten wir 1855 erst 300 Übernachtungen im Ort.
Hundert Jahre später waren es dann bereits 800 000 Übernachtungen.
Heute sind es rund zwei Millionen."

„Der Alpinismus ist eines der großen Gegengewichte gegen die nervöse Hast und Ruhelosigkeit … der Alltagsvergnügungen unserer Tage, er ist eine Quelle geistiger und körperlicher Gesundheit, …", schrieb 1912 die Zeitschrift des Deutschen und Österreichischen Alpen-Vereins über das Bergsteigen und Wandern in den Alpen.

Seitdem hat sich vieles im Alpentourismus verändert. 1972 steht in einem Buch für Bergwanderer geschrieben:

„Man sollte es nicht für möglich halten …, da fahren in der Morgenfrühe vier, fünf, zehn Kabinen von Garmisch zum Osterfelderkopf hinauf und schon ist der Gipfel von ‚Naturfreunden' überflutet und die erhabene Stille wie weggeblasen. Aber weiter schwebt Kabine um Kabine nach oben …"

Heute sind die Alpen das „größte Turngerät Europas", ein europäischer Freizeitpark, der nicht mehr unbedingt mit dem urprünglichen Erholungswert eines Hochgebirges zu tun hat.

M1 Freizeitangebote in Garmisch-Partenkirchen im Sommer

Tourismus

Garmisch-Partenkirchen – ganzjährig geöffnet

Werbeprospekte von Garmisch-Partenkirchen (26 000 Einwohner) versprechen dem Gast an 365 Tagen einen erholsamen und erlebnisreichen Urlaub.
In den Sommermonaten suchen die Gäste besonders beim Wandern und Bergsteigen Erholung. Ausflugsziele sind zum Beispiel die Schlösser und Seen Bayerns. Im Winter gehört der Ort den Ski- und Snowboardfahrern. Attraktionen sind die Weltcup-Skiwettbewerbe und ein Springen der Vierschanzentournee.

Garmisch-Partenkirchen bietet seinen Gästen jede denkbare Wintersportmöglichkeit. Wenn es zu wenig schneit, legt man mit Schneekanonen künstliche Abfahrtspisten an.
Der Bürgermeister sagt:
„Wir müssen unseren Ort und unsere Urlaubsangebote ständig weiter ausbauen, denn die Konkurrenz in Deutschland und in den anderen Alpenländern ist groß. Im Unterschied zu vielen Kurorten in der Welt dauert bei uns die Saison zwölf Monate."

Aufgaben

1. Nenne Gründe, warum die Alpen ein Tourismusmagnet geworden sind.
2. Begründe, welche Urlaubsangebote du in Garmisch-Partenkirchen nutzen würdest und welche nicht (M1, M2).
3. Vergleiche die Tourismusregion Alpen mit Tourismusregionen in Thüringen (siehe S. 42/43).

M2 Freizeitangebote in Garmisch-Partenkirchen im Winter

Arbeit mit Material

Naturraum in Gefahr

Die Alpen sind mit rund 5 Millionen Ferienbetten und 120 Millionen Feriengästen jährlich eine der größten Tourismusregionen der Welt. Damit haben sie etwa ein Viertel Anteil am Tourismus weltweit. Die touristische Nutzung der Alpen stellt für die einheimische Bevölkerung eine wichtige Lebensgrundlage dar.

Andererseits kommt es durch den Massentourismus zu einer Überlastung und zu einer teilweisen Zerstörung des Naturraumes Alpen. Durch die Erwärmung des Klimas sind viele traditionelle Skigebiete nicht mehr schneesicher und deshalb werden immer höhere Regionen der Bergwelt touristisch erschlossen.
Wegen des besonderen Wertes und der besonderen Empfindlichkeit der Alpen haben die Alpenländer ein Abkommen geschlossen, das den Schutz der Natur der Alpen sichern soll. Allerdings werden jedes Jahr trotzdem weitere Hotels, Skipisten, Schneekanonen, Autobahnen, zahlreiche neue Alm- und Forststraßen sowie Golfplätze gebaut.

Von besonderer Bedeutung ist dabei der Wintertourismus. In den an die Alpen angrenzenden Staaten gibt es inzwischen rund 20 Millionen Wintersportler. Die Flächen für Pisten, Lifte, Parkplätze und Abfahrtstrecken sind auf rund 3 500 km^2 angewachsen. Das entspricht etwa 20 Prozent der Fläche Thüringens. Es gibt in den Alpen ca. 13 000 Seilbahnen und 40 000 Skiabfahrten, die eine Länge von etwa 120 000 km ausmachen. Der dadurch entstehende Flächen-, Wasser- und Energieverbrauch wird zu einem immer größeren Umweltproblem.

M1 Skipiste im Frühjahr

M2 Protest von Alpenbewohnern

M3 Spielplatz Alpen?

METHODE

So gehst du beim Sammeln, Ordnen und Präsentieren von Material vor

1. Schritt: Mit dem Thema vertraut machen

2. Schritt: Sammle geeignetes Material
- Überschriften, Schlagzeilen, Fotos, Karikaturen, Statistiken, Berichte, …
- Nutze auch das Internet, Material von Reisebüros, …
- Schreibe auf, woher du dir die einzelnen Materialien besorgt hast.

3. Schritt: Fertige das Plakat an
- Schreibe sauber und benutze verschiedene Farben.
- Schreibe keine langen Texte. Benutze knappe Formulierungen, Stichworte, Bildunterschriften und Aufzählungen.
- Skizziere einen Entwurf zur Materialanordnung.
- Dein Plakat sollte mindestens eine Größe von DIN-A3 haben. Sehr gut eignet sich auch ein Stück Tapetenrolle.
- Gestalte eine kurze, aussagekräftige Überschrift mit Buchstaben, die mindestens fünf Zentimeter groß sind.
- Ordne das Material übersichtlich und ansprechend an, bevor du es aufklebst.

4. Schritt: Präsentiere dein Plakat
- Lies bei deinem Vortrag nicht vom Plakat ab.
- Erkläre auch, warum du diese Materialien ausgewählt hast.
- Sage deine Meinung zum Thema.

Ich freue mich auf dein Plakat.

Aufgabe

1. a) Gestalte ein Plakat zum Thema „Alpen in Gefahr". Benutze dazu die Anleitung. Lies auch die Texte auf den Seiten 44 bis 47 und sieh dir die Materialien genau an.
   b) Präsentiere das Plakat deinen Mitschülern.

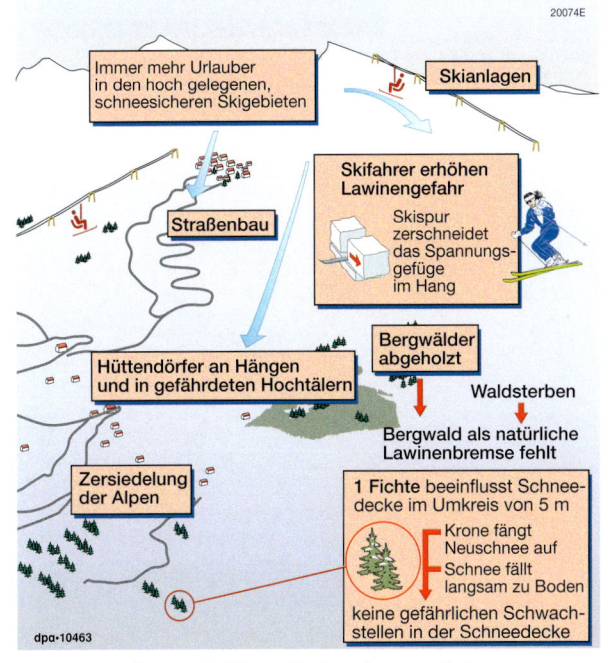

M4 Menschen erhöhen die Lawinengefahr

M5 Verkehrsstau auf der Brennerautobahn

Der andere Urlaub – sanfter Tourismus

Tourismus an der Küste, im Tiefland und im Gebirge? – Ja, aber bitte sanft!

Umwelt- und Naturschützer weisen seit einigen Jahrzehnten immer wieder darauf hin, dass die Schönheit der Landschaft nur dann erhalten bleibt, wenn man den sanften Tourismus fördert.

In den Urlaubsgebieten ist der Tourismus eine wichtige Einnahmequelle, von der der größte Teil der einheimischen Bevölkerung lebt. Um diesen Tourismus sanft zu gestalten, haben Naturschutzorganisationen und Reiseveranstalter Ideen, Projekte und Reiseangebote entwickelt. Sie sollen die Forderungen des sanften Tourismus ganz oder zu großen Teilen erfüllen.

Zu diesen Ideen und Projekten gehören zum Beispiel die Beibehaltung der traditionellen Bauweise, die Einschränkung des Pkw-Verkehrs innerhalb der Urlaubsorte und die Versorgung der Urlauber mit einheimischen Produkten.

Info

Sanfter Tourismus

Sanfter Tourismus ist eine Form des Tourismus, die drei wesentliche Ziele anstrebt:
1. die Natur soll so wenig wie möglich geschädigt werden,
2. die Urlauber sollen die Natur möglichst unberührt erleben können,
3. die Urlauber sollen auf die Lebensweise der Menschen in der Urlaubsregion Rücksicht nehmen.

M1 Alpenpanorama

M2 Hinweisschilder in den Alpen

Tourismus

Seeadler (in Bayern)

Eule im Fünfeck (z. B. in Sachsen)

Waldohreule (z. B. in Hessen)

M4 In Deutschland werden verschiedene Zeichen zur Kennzeichnung von Naturschutzgebieten verwendet.

Haben wir uns auf unserer Klassenfahrt in den Naturpark Harz „sanft" verhalten?

M3 Naturparks in Deutschland

Natur bewahren durch Naturschutz – Beispiel Naturparks

Zum Schutz der Natur sind in den letzten Jahrzehnten National-, Naturparks und Naturschutzgebiete in Deutschland und in vielen Ländern Europas geschaffen worden, die in Zukunft noch erweitert werden sollen.

In den Bayerischen Alpen steht schon fast die Hälfte der Bergwelt unter besonderem Schutz und darf nicht weiter durch den Bau technischer Anlagen (z. B. Seilbahnen) erschlossen werden. Wichtiger als Gesetze und Verbote sind jedoch vernünftiges und umweltbewusstes Verhalten der Urlauber. Sie müssen von der Notwendigkeit der Schutzprogramme überzeugt werden. Dann sind sie bereit, Einschränkungen im Urlaub hinzunehmen. Nur so können einzigartige Naturlandschaften erhalten werden.

Aufgaben

1 Erkläre den Begriff „sanfter Tourismus" und nenne wichtige Ziele.

2 a) Nenne drei Naturparks in Thüringen (Atlas).
   b) Ermittle drei Naturparks in Europa (Internet). Nenne sie.
   c) Beschreibe die Lage des Naturparks „Texelgruppe" (Internet).

3 Ermittle mithilfe des Internets, welches Zeichen zur Kennzeichnung von Naturschutzgebieten in Thüringen verwendet wird. Zeichne es in dein Heft.
Arbeitsheft

Tourismus am Mittelmeer

Von Fischerdörfern zu Bettenburgen

Millionen von Urlaubern besuchen jährlich Mallorca. Um den Massentourismus bewältigen zu können, baute man sehr viele Hotels und Feriensiedlungen. Sie liegen überwiegend an den vielen Buchten der Insel. Aus verträumten Fischerdörfern wurden riesige Bettenburgen.

Die Orte sehen heute alle gleich aus. An der Bucht von Palma ist eine kilometerlange Hotelstadt entstanden. Von Illetas bis El Arenal dasselbe Bild: ein schmaler, im Sommer völlig überfüllter Strand, dahinter Hotels. In Strandnähe sind sie meist mehrstöckig.

Die schmalen Straßen zum Strand sind gesäumt von Supermärkten, Kneipen, Restaurants und Autovermietungen. Alle Angebote sind in Deutsch oder Englisch zu lesen oder in Bildern dargestellt, damit die Gäste keine Sprachschwierigkeiten haben.

M1 Strand an der Küste Mallorcas 2010

M2 Strand an der Küste Mallorcas 1955

> Ich denke noch oft an früher. Als die ersten Touristen kamen, hatte ich einen Eiswagen und habe Eis verkauft. Ich habe mich gefreut, dass ich Geld verdienen konnte. Es war damals kein Problem, einen Platz im Schatten der Bäume an der Uferstraße zu bekommen. Heute gibt es am Meer Kioske. Die Straße ist zugeparkt und am Strand liegen die Touristen wie die Ölsardinen in der Dose. Wir alle haben nicht geahnt, was aus unseren Orten werden würde.

Juan, Eisverkäufer

> Mein Großvater und mein Vater waren Fischer. Aber der Fischfang lohnt nicht mehr. Deshalb bin ich Kellner geworden. Auch meine Freunde verdienen ihr Geld im Tourismus: Carmen bedient in einem Souvenirladen und Juan hat einen Boots- und Surfbrettverleih.

Carlos, Kellner im Hotel Playa

50

www.heimatundwelt.de
HW-068, HW-093

Tourismus

M3 Sprengung eines Hotels auf Mallorca

M4 Demonstration gegen Umweltzerstörung durch Tourismus

Massentourismus schafft Probleme

Neben dem Wohlstand hat der Massentourismus auch Probleme für die Inselbewohner gebracht. Das größte Problem ist die Wasserversorgung der Bevölkerung und der Hotelanlagen. Der tägliche Wasserbedarf eines Golfplatzes beträgt so viel wie der eines Ortes mit etwa 8000 Einwohnern.

Schwierig ist auch die Müllentsorgung. Die vielen Gäste verursachen Berge von Müll, die nicht auf der Insel bleiben können. Außerdem fehlen Kläranlagen zur Aufbereitung von Trinkwasser.

M5 Vogelbeobachter im Naturpark Albufera (Mallorca)

Maßnahmen zur Veränderung

Die einheimische Bevölkerung erkannte, dass sich die Einrichtungen des Massentourismus nicht weiter auf der Insel ausbreiten dürfen.

Seit 1988 muss jeder Neubau mindestens 100 Meter vom Meer entfernt errichtet werden. Billigquartiere sollen nicht mehr renoviert und schließlich abgerissen werden. Neubauten von Hotels erhalten nur noch die Genehmigung, wenn es sich um Mittelklasse- oder Luxushotels handelt. Weite Teile der Insel wurden unter Naturschutz gestellt.

Aufgaben

1. „Von Fischerdörfern zu Bettenburgen". Erkläre die Überschrift von Seite 50.
2. Mallorquiner spüren zunehmend die Nachteile des Massentourismus. Beschreibe, wie sie darauf reagieren.
3. Nenne Ziele, die eine „Hotel-Entrümpelung" auf Mallorca hat.
   Arbeitsheft

Einen Steckbrief einer Region erstellen

So gehst du vor

1. **Schritt: Arbeitsgruppe bilden**
   Bildet zu jeder Region eine Arbeitsgruppe. Teilt die Schwerpunkte zur Untersuchung der gewählten Region auf (M2).

2. **Schritt: Material beschaffen**
   Verwendet Lehrbuch, Atlas, Sachbücher, Zeitungen, Zeitschriften, Reiseführer, Prospekte und Urlaubsfotos.
   Recherchiert auch im Internet.

3. **Schritt: Material auswerten**
   Formuliert Informationen in Form von Merkmalen anhand der Schwerpunkte (M2). Ordnet sie.

Steckbrief – Gestaltungshinweise

1. Überschrift formulieren
2. sinnvolle Gliederung der Merkmale
3. Aussagen einprägsam formulieren
4. Texte, Bilder, Diagramme übersichtlich anordnen
5. Plakat oder PowerPoint-Folien anschaulich gestalten

In drei Schritten zum Steckbrief

Auf der Erde gibt es rund 200 Staaten, Tausende Städte und Dörfer sowie unzählige Landschaften. Es ist unmöglich und nicht sinnvoll, sehr viele Regionen gleichzeitig im Geographieunterricht zu untersuchen. Oft reicht es, nur einige wichtige Informationen zu einer Region zu erfahren. Dies könnte zum Beispiel notwendig sein, wenn ihr eure nächste Klassenfahrt plant. Dabei hilft euch die hier vorgestellte Methode.

In stichpunktartiger und übersichtlicher Form werden in einem Steckbrief Informationen zu einer Region zusammengetragen. Steckbriefe haben auch den Vorteil, dass man zum Beispiel zwei oder mehrere Länder, Städte oder Landschaften miteinander vergleichen kann.

Einen Steckbrief könnte man zwar auch alleine erstellen, dies ist aber mit anderen zusammen viel interessanter (z. B. in der Klasse). Am besten schließen sich diejenigen in einer Gruppe zusammen, die sich für die gleiche Region interessieren. Dann geht ihr nach der Anleitung vor. Den fertigen Steckbrief kann jede Gruppe den Klassenkameraden als Vortrag (z. B. mithilfe eines Plakats, eines Tafelbildes oder einer PowerPoint-Präsentation) vorstellen.

M1 Verwaltungsgliederung Sachsens – Beispiel für eine zu untersuchende Region

METHODE

Lagemerkmale
Kontinent, Nachbarländer, Landschaften, Gradnetz, ...

Naturraum
Klima, Gestein, Gewässer, Höhenlage, Oberflächenform, Boden, Pflanzen und Tiere, ...

Bevölkerung
Bevölkerungsverteilung, Einwohnerzahl, Bevölkerungsgruppen nach Nationalität, Anteil Stadt- und Landbevölkerung, ...

Geschichte
Entwicklung eines Landes, einer Stadt, ...

Region

Wirtschaft
Wirtschaftsbereiche (z. B. Rohstofferzeugung, Rohstoffverarbeitung, Dienstleistungen) Wirtschaftszweige (z. B. Land- und Forstwirtschaft, Industrie, Tourismus)

Lebensweise
Sprache, Traditionen, Bauweise, Religion, Ernährung, ...

Verkehr
Verkehrsnetz (z. B. Straßen, Schienen, Flugverbindungen, Häfen, Flüsse, ...)

M2 Ausgewählte Schwerpunkte für die Untersuchung einer Region

M3 Naturparks in Bayern – Beispiele für zu untersuchende Regionen

Info

Region

Eine Region ist ein Raum beliebiger Größe (z. B. Staat, Bundesland, Stadtkreise, Landschaft, Naturpark).
Regionen unterscheiden sich durch ihre Merkmale hinsichtlich Naturraum, Wirtschaft, Bevölkerung, Verkehr, ...

Aufgaben

1 a) Lies die Anleitung und die Hinweise zum Steckbrief.
  b) Erstellt einen Steckbrief für eine Region eurer Wahl.

Gewusst – gekonnt

1 Zeilenrätsel

Löse das Rätsel. Die Buchstaben in den umrandeten Feldern ergeben, von oben nach unten gelesen, einen Begriff. Benutze die Überhangfolie.

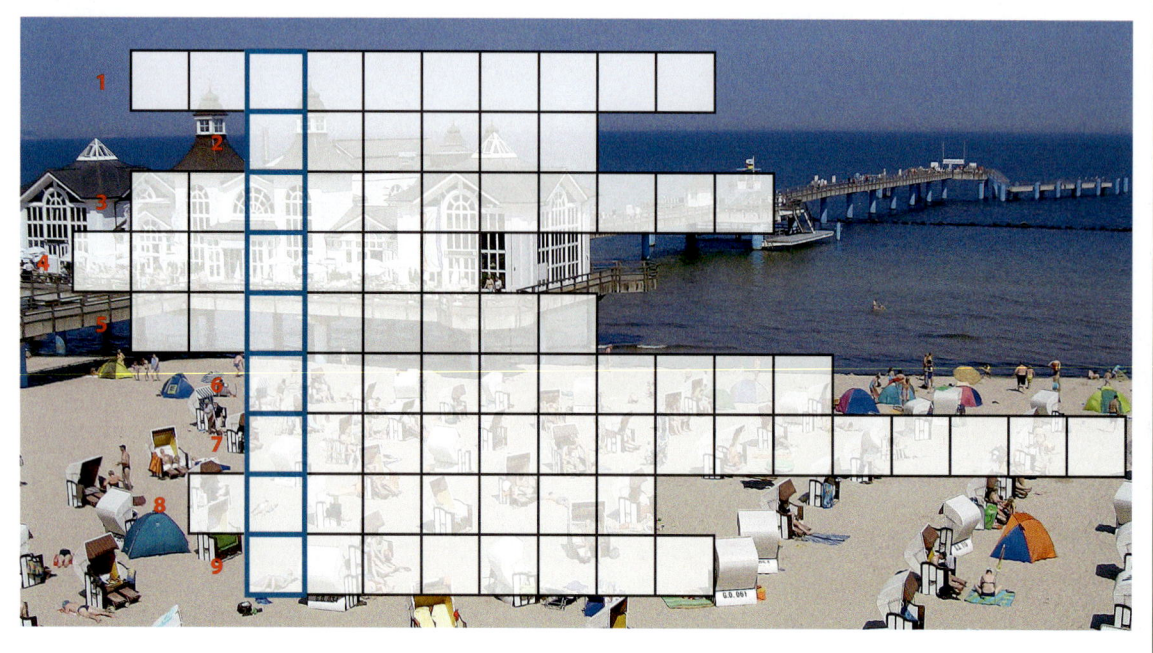

1. Nationalpark vor der Nordseeküste
2. Meer, das im Nordosten an Deutschland grenzt
3. Dienstleistungsbetrieb an der Küste zur Ausbildung von Unterwassersportlern
4. Sehr bekannter Wintersportort im Thüringer Wald
5. Gebäude in Oberhof, in dem auch im Sommer Wintersportarten betrieben werden können
6. Betätigungsmöglichkeit für Urlauber im Winter in Siegmundsburg
7. Tourismusart
8. Schutzzone im Nationalpark Niedersächsisches Wattenmeer
9. Transportmittel für Urlauber in den Alpen auf einen Berg und zurück

Rätseln macht richtig Spaß!

2 Silbenrätsel

Bilde aus den Silben elf Begriffe, die mit Freizeit, Erholung oder Urlaub zu tun haben. Notiere die Begriffe in dein Heft.

BA	BAHN	BET	BURG	DEN	DERN	LAUB	MAS
MEER	MUS	MUS	NORD	OST	PIS	RIS	RIS
SANF	SEE	SEE	SEIL	SEN	SKI	TE	TEN
TEN	TER	TOU	TOU	UR	WAN	WAT	

3 Vor- und Nachteile des Alpentourismus

Der Alpentourismus wird von verschiedenen Menschen unterschiedlich eingeschätzt.
In der Zeichnung sind einige Ansichten zusammengestellt.

Beispiel (Papierkorb rechts in der Zeichnung):
Die Alpen werden zum Müllplatz.

Arbeitet in Gruppen und geht auf Suche in der Zeichnung. Findet möglichst viele Sachverhalte, die im Bild dargestellt sind. Notiert diese in euer Heft.

4 Tourismus im Thüringer Wald

Die kleinen Abbildungen zeigen verschiedene Freizeitaktivitäten im Gebirge.

a) Beschreibe die dargestellten Freizeitaktivitäten.

b) Nenne Einrichtungen, die für ihre Durchführung notwendig sind.

Das kannst du jetzt:

- sanften Tourismus und Massentourismus unterscheiden;
- ein Rollenspiel planen, durchführen und auswerten;
- Tourismus an der Küste und im Gebirge vergleichen;
- Material sammeln, ein Plakat anfertigen und präsentieren;
- einen Steckbrief für eine Region deiner Wahl erstellen und präsentieren.

Du kannst dabei folgende Fachbegriffe verwenden:
Massentourismus
Naturpark
sanfter Tourismus
Region
Tourismus

Energieerzeugung

Woher kommt unser Strom?	**58**
Vom Wald zur Kohle	**60**
Landschaften im Wandel	**62**
Von der Kohle zum Strom	**64**
Strom aus Kernenergie – wie lange noch?	**66**
Strom aus Sonne und Wind	**68**
Strom aus Biogas und Wasserkraft	**70**
Projektorientiertes Arbeiten	**72**
Gewusst – gekonnt	**74**

Über welche Leitung kommt nun der Strom für meinen PC?

M1 Strommasten bei Köln im Rheinischen Braunkohlenrevier – im Hintergrund das Kohlekraftwerk Niederaussem

Woher kommt unser Strom?

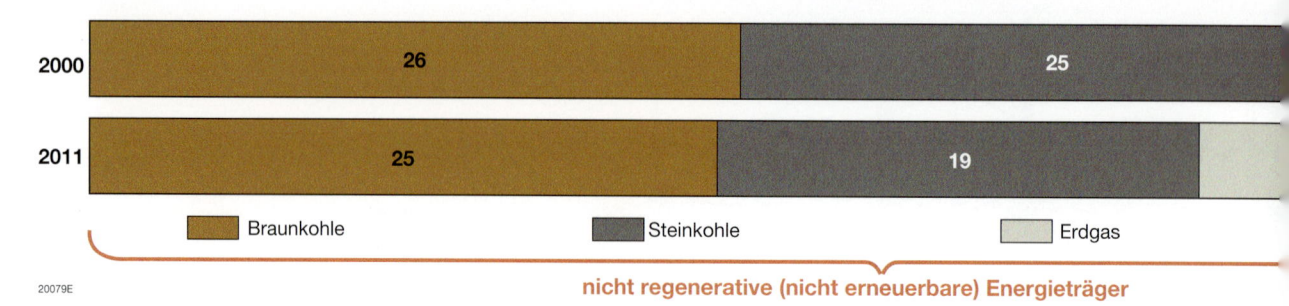

M1 Strommix in Deutschland 2000 und 2011 (in Prozent)

2000: Braunkohle 26, Steinkohle 25
2011: Braunkohle 25, Steinkohle 19, Erdgas

nicht regenerative (nicht erneuerbare) Energieträger

Elektrischer Strom

Aus der Steckdose?

Strom ist farblos, geruchslos, unsichtbar und man kann ihn sich ganz schlecht vorstellen. Und doch ist er für jeden Haushalt, jede Schule und jede andere öffentliche Einrichtung unverzichtbar. Auch alle Betriebe brauchen zur Produktion Strom.

Strom wird aus Energieträgern gewonnen. Wir unterscheiden nicht regenerative (nicht erneuerbare) und regenerative (erneuerbare) Energieträger. Der erzeugte Strom fließt durch ein weitverzweigtes Stromnetz von den Kraftwerken zu den Verbrauchern.

Noch vor rund 40 Jahren wurde der Strom in Deutschland fast ausschließlich aus Stein- und Braunkohle gewonnen.

Ab 1960 kamen zunehmend die Kernkraft und erst in den letzten beiden Jahrzehnten verstärkt regenerative Energieträger dazu. Die Menge an nicht regenerativen Energieträgern, wie Erdgas, Erdöl, Braun- oder Steinkohle, ist begrenzt.

In Zukunft wird es von den nicht regenerativen Energieträgern keine mehr geben. Die Energieträger für regenerative Energien sind dagegen unerschöpflich. Sie erneuern sich sozusagen ständig. Wenn man regenerative Energieträger nutzt, schont man die Umwelt. Bis zum Jahr 2020 könnte Deutschland sogar die Hälfte seiner Energie aus umweltfreundlichen Energiequellen erzeugen.

M2 Braunkohlekraftwerk Lippendorf bei Leipzig (Sachsen)

M3 Montage einer Photovoltaikanlage in der Stadt Weil (Baden-Württemberg)

M4 Wasserkraftwerk Landl an der Enns (Österreich)

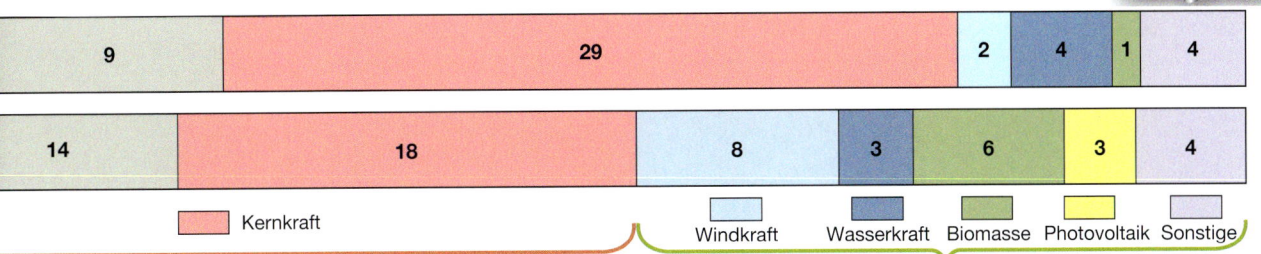

Energieerzeugung

9	29		2	4	1	4

14	18	8	3	6	3	4

Kernkraft · Windkraft · Wasserkraft · Biomasse · Photovoltaik · Sonstige

regenerative (erneuerbare) Energieträger

Info

Nicht regenerative (nicht erneuerbare) Energieträger

Energieträger wie Stein- und Braunkohle, Erdöl und Erdgas entstanden vor vielen Millionen Jahren aus abgestorbenen Pflanzen oder anderen Lebewesen. Bei ihrer Verbrennung entstehen klimaschädliche Gase. Die Menge nicht regenerativer Energieträger ist begrenzt.

Regenerative (erneuerbare) Energieträger

Regenerative Energieträger schonen die Umwelt (z. B. Energieerzeugung aus Biomasse, Sonnen-, Wind,- und Wasserkraft). Sie stehen unbegrenzt zur Verfügung.

M7 Windkraftanlage Klanxbüll (Schleswig-Holstein)

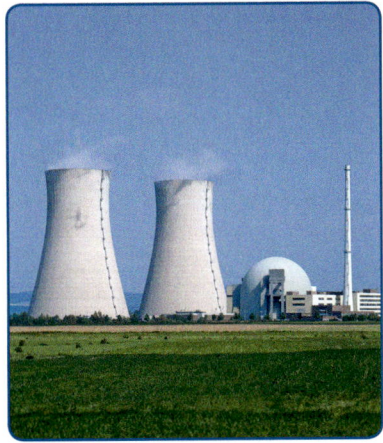

M8 Verlegung von Rohren der „Ostseepipeline" nach Westeuropa – Bauabschnitt bei Schulzendorf (Brandenburg)

M5 Atomkraftwerk Grohnde (Niedersachsen)

M6 Biogasanlage in Vachdorf (Thüringen)

Aufgaben

1 „Wenn bei uns der Strom ausfällt, dann …". Ergänze den Satz.

2 Ordne die Fotos (M2–M8) den richtigen Energieträgern zu (M1).

3 Erläutere den Unterschied zwischen nicht regenerativen und regenerativen Energieträgern.

4 a) Werte das Streifendiagramm M1 aus.

b) Erläutere, wie der deutsche Strommix im Jahr 2020 aussehen könnte.

c) Begründe die mögliche Zunahme oder Abnahme des Anteils einzelner Energieträger.

Arbeitsheft

Vom Wald zur Kohle

Vom Sumpfmoorwald zum Kohleflöz

M1 Braun- und Steinkohlereviere in Deutschland

Sumpfwald
Vor rund 12 bis 20 Millionen Jahren herrschte in Mitteleuropa feuchtwarmes Klima, in dem in ausgedehnten Senken Sumpfmoorwälder wuchsen. Abgestorbene Pflanzen gerieten in diesen langsam absinkenden Gebieten unter Luftabschluss. Es bildeten sich mächtige Torfschichten.

M2 Braunkohle ist braun, leicht, nicht sehr fest, brennbar

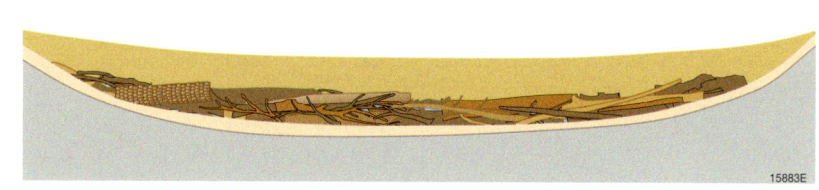

Unter Luftabschluss
Diese Torfschichten wurden durch Sand und Kies überdeckt.

Aufgaben

1. a) Nenne die größten deutschen Braun- und Steinkohlereviere (M1, Atlas).
   b) Beschreibe ihre Lage zu großen Flüssen oder Städten.
2. a) Erkläre die Entstehung der Braunkohle (M3).
   b) Beschreibe den Abbau der Braunkohle (Text, M1).
   c) Nenne Nutzungsmöglichkeiten von Braunkohle (M5).

Arbeitsheft

Kohleflöz
Die Torfschichten gerieten durch die darüber liegenden Deckschichten unter Druck. In einem langen Zeitraum von Millionen Jahren bildete sich aus dem Torf Braunkohle. Die Kohleschicht wird als Flöz bezeichnet.

M3 Entstehung von Braunkohle

Energieerzeugung

Deckschichten · Abraum · Kohleflöz · Kohlebagger · Abraumbagger · Förderbrücke · Förderband

M4 Aufbau eines Tagebaus am Beispiel von Welzow-Süd (Brandenburg)

Der Tagebaubetrieb

Braunkohle wird in Deutschland in großen Gruben, die man als Tagebaue bezeichnet, abgebaut. Hier schürfen riesige Abraumbagger die Deckschichten aus Sand und Kies ab (Abraum). Kilometerlange Förderbänder, eine Förderbrücke oder Güterzüge transportieren den Abraum aus dem Tagebau.

Sind die Flöze freigesetzt, fördern Kohlebagger die Braunkohle und verladen sie auf Kohlezüge oder Förderbänder. Diese bringen die Kohle in das nahe gelegene Wärmekraftwerk, das aus der Kohle elektrischen Strom erzeugt. Bei dieser Arbeit im Tagebau darf es keinen Stillstand geben, da die Kraftwerke ständig neue Kohle benötigen.

Probleme mit der Kohleförderung können bei sehr starkem Frost auftreten, wenn der Boden und die Kohleflöze hartgefroren sind.

Durch den Abbau wandert der Tagebau immer weiter und verschlingt dort große Flächen, wo einst Felder, Wälder oder sogar Ortschaften standen. Die Menschen mussten ihre Wohnungen und Siedlungen verlassen (siehe auch S. 63/M4). Sie wurden in benachbarten Dörfern und Städten angesiedelt. Zum Teil wurden für sie sogar neue Siedlungen angelegt.

Die Bagger sind aber riesig!

Braunkohle 100 t
- Elektrischer Strom: 91 t
- Chemische Industrie: Grundstoff für zahlreiche Produkte (z.B. Lacke und Farben): 7 t
- Briketts für Hausbrand: 2 t

M5 Nutzung der Braunkohle

Landschaften im Wandel

LEIPZIGER NEUSEENLAND

M1 Logo des Neuseenlandes

Aufgaben

1. Beschreibe Möglichkeiten, eine ehemalige Tagebaulandschaft umzugestalten.
2. Vergleiche das Foto (M2) und den Lageplan des Störmthaler Sees (M3). Zeichne Rekultivierungsmaßnahmen auf dem Foto ein. Benutze die Überhangfolie.

   Arbeitsheft

Eine Tagebaulandschaft wird zum Seengebiet

Der Abbau der Braunkohle geschieht, wie du ja bereits weißt, im Tagebau. Wenn im Tagebau keine Braunkohle mehr gefördert werden kann, bleiben Restlöcher zurück. Die ehemaligen Tagebaugebiete sehen dann aus wie riesige Mondlandschaften. Mithilfe der Rekultivierung sollen diese Gebiete eine neue Gestalt bekommen. Dabei versteht man unter Rekultivierung die Wiederherstellung von Landschaften, die zum Beispiel durch den Tagebau zerstört wurden.

Am häufigsten werden Tagebaulandschaften in Seengebiete umgestaltet. Um die Tagebaurestlöcher schneller mit Wasser füllen zu können, leiten die noch aktiven Tagebaue ihr Grubenwasser über ein Rohrleitungssystem ein.

Die ehemaligen Tagebaubereiche eignen sich für vielfältige Nutzungen. Sie dienen als Freizeit- und Erholungsgebiete für den Menschen oder als Naturschutzgebiete für Tier- und Pflanzenarten. Im näheren Umfeld der Seen werden auch Waldgebiete neu angelegt. Sachsens größter Freizeitpark, das „Belantis" südlich von Leipzig, entstand in einer Landschaft, in der früher Kohle gefördert wurde.

M2 Störmthaler See (ehemaliger Braunkohletagebau Espenhain)

Energieerzeugung

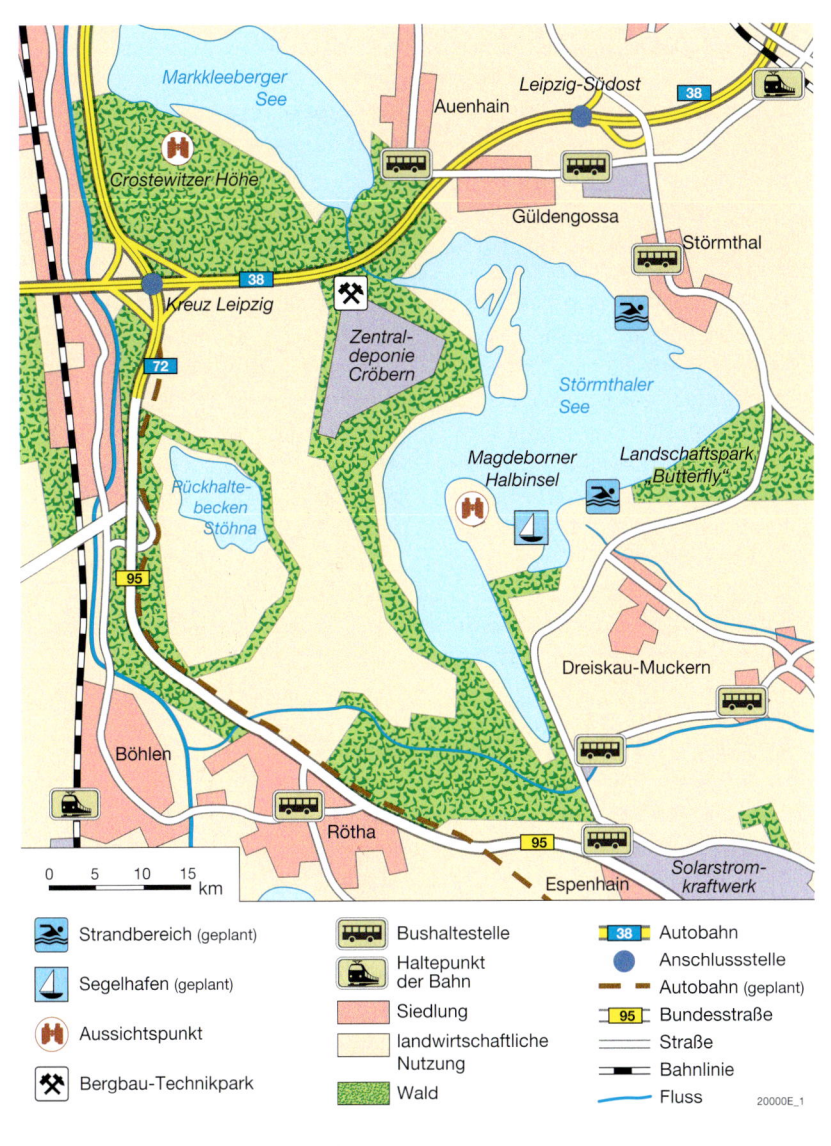

www.leipzigerneuseenland.de/karte

www.leipzigseen.de/seenfakten/stoermthaler-see.html

www.lausitzerseenland.de

Aufgabe

3 a) Entwickle einen Vorschlag zur Rekultivierung einer Tagebaulandschaft deiner Wahl. Benutze das Internet (siehe Internetadressen).

b) Präsentiere deinen Vorschlag deinen Mitschülern.

Kartenlegende:
- Strandbereich (geplant)
- Segelhafen (geplant)
- Aussichtspunkt
- Bergbau-Technikpark
- Bushaltestelle
- Haltepunkt der Bahn
- Siedlung
- landwirtschaftliche Nutzung
- Wald
- 38 Autobahn
- Anschlussstelle
- Autobahn (geplant)
- 95 Bundesstraße
- Straße
- Bahnlinie
- Fluss

M3 Störmthaler See – Beispiel für die Rekultivierung einer Landschaft

M4 Tagebau Schleenhain (bei Leipzig)

Von der Kohle zum Strom

M1 Steinkohle ist schwarz, schwerer als Braunkohle, fest und brennbar

M3 Abbau von Steinkohle im Tiefbau

Abbau und Verarbeitung von Steinkohle

Die Steinkohle wird im Ruhrgebiet im Bergwerk unter Tage in Tiefen von 600 bis 1500 Meter abgebaut. Kohle fördernde Bergwerke heißen Zechen oder Gruben. Diese befinden sich zu einem großen Teil an der Ruhr. Die Kohle führenden Schichten (Flöze) sind im Durchschnitt nur einen Meter mächtig.

Im Vergleich zur Braunkohle ist die Steinkohle älter. Sie enthält weniger Wasser als die Braunkohle. Daher besitzt Steinkohle einen höheren Heizwert.

Ein Teil der Steinkohle wird in Kokereien zu Koks oder Teer weiterverarbeitet. Den Koks benötigt man zum Beispiel als Brennstoff bei der Herstellung von Roheisen in Hüttenwerken. Außerdem wird die Steinkohle in Kohlekraftwerken verwendet, um Strom zu erzeugen.

Aufgaben

1. Vergleiche Stein- und Braunkohle nach Aussehen, Alter, Entstehung, Abbau und Heizwert (M1, M3 und S. 60/61).
2. Nenne Verwendungsmöglichkeiten von Steinkohle (M2).
3. Erkläre die Arbeitsweise im Steinkohlebergbau (M4; Internet, siehe Hinweis S. 65).

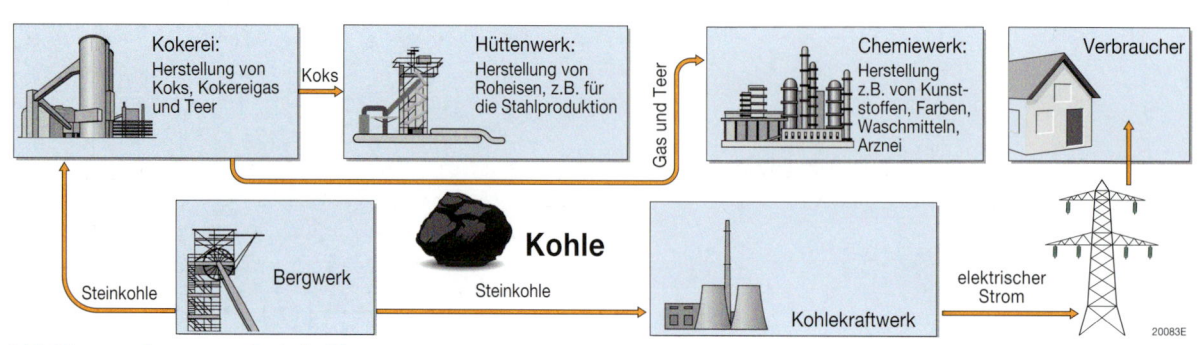

M2 Verwendung von Steinkohle

Energieerzeugung

Das virtuelle Kohlebergwerk

Früher gehörten Kohlebergwerke zum täglichen Leben der Menschen im Ruhrgebiet. Viele Haushalte und Industriebetriebe wurden mit Steinkohle beheizt. Heute dagegen verwendet man meist Erdöl oder Erdgas zum Heizen. Viele Bergwerke mussten deshalb schließen.

Mithilfe des Internets kannst du dich anschaulich in die Lage eines Bergmannes versetzen. Er wird dir bei einer virtuellen Grubenfahrt über seine Arbeit unter Tage berichten. Dann kannst du dir auch besser vorstellen, wie Flöz, Förderkorb, Streb und Walzenschrämlader aussehen.

Und jetzt auf ins Bergwerk!

www.rag-deutsche-steinkohle.de

Einrichtungen über Tage
① Schachtgerüst
② Belüftungsanlage
③ Fördermaschine
④ Förderturm
⑤ Transportband
⑥ Kohlenwäsche
⑦ Kohlenbunker
⑧ Zechenbahn
⑨ Kraftwerk

Einrichtungen unter Tage
ⓐ Schacht (Personen und Material)
ⓑ Förderkorb (Personen und Material)
ⓒ Flöz
ⓓ Streb
ⓔ Walzenschrämlader
ⓕ Transportband
ⓖ Güterzug mit Kohle
ⓗ Förderkorb (Kohle)
ⓘ Schacht (Kohle)

M4 Arbeitsweise im Steinkohlebergbau

Strom aus Kernenergie – wie lange noch?

M2 Atomkraftwerk Philippsburg (Baden-Württemberg)

M1 Symbol für Radioaktivität

Kernenergie in Deutschland und Europa

In **A**tom**k**raft**w**erken (AKWs) wird Strom erzeugt, so auch in Deutschland. Die Nutzung dieser AKWs ist aber sehr umstritten. Besonders nach der Explosion in einem Atomkraftwerk in Fukushima (Japan) im März 2011 verschärfte sich die Diskussion. Die deutsche Regierung handelte nach der Katastrophe und reduzierte die Anzahl der Atomkraftwerke innerhalb eines Jahres von 17 auf neun. Deutschland will die Nutzung der Kernenergie sogar bis zum Jahr 2022 schrittweise einstellen.

Die Nachbarländer Deutschlands Österreich, Dänemark und Luxemburg verzichten schon jetzt auf Kernenergie. Andere Länder in Europa, wie Frankreich, die Tschechische Republik und Polen, wollen die Kernenergie auch zukünftig zur Erzeugung von Strom nutzen. Sie sehen vor allem die Vorteile des Atomstroms: kein Ausstoß klimaschädlicher Gase und geringe Kosten bei der Stromerzeugung. Außerdem wollen die Länder ihre Abhängigkeit von Stromeinfuhren aus anderen Staaten verringern.

Info

Was bedeutet Kernenergie?

Alles was es auf unserer Erde gibt (z. B. Bäume, Häuser, die Sonne, auch unser Körper) besteht aus Atomen. Wir können sie aber nicht sehen. Jedes der vielen Atome besteht aus einem Atomkern und einer Atomhülle.
In den Atomen ist sehr viel Energie gespeichert. Wenn ein Atom zerfällt, wird etwas von dieser Energie als Wärme und Strahlung ausgesendet. Den Zerfall nennen wir Radioaktivität. Diese Energie ist so stark, dass sie für Menschen, Tiere und Pflanzen auch gefährlich werden kann.

Geofix-Tipp

Um im Atomkraftwerk Philippsburg in den Bereich zu kommen, wo der Strom erzeugt wird, brauchst du einen Ausweis und einen weißen Schutzanzug.
Du fährst mit einem Fahrstuhl auf 21,50 m Höhe und musst durch insgesamt 22 Hochsicherheitstüren gehen. Schau doch mal rein: Es hilft dir die Sendung mit der Maus im Atomkraftwerk Philippsburg.

Energieerzeugung

Transport der radioaktiven Abfälle

In Atomkraftwerken wird also die Energie aus den Atomen (Kernkraft) in elektrischen Strom umgewandelt. Durch diese Umwandlung entsteht radioaktiver Abfall, der aufgrund seiner Strahlung äußerst gefährlich ist.

Da es zurzeit kein Endlager für radioaktive Abfälle gibt, müssen sie zwischengelagert werden. In strahlenschutztechnisch sicheren Behältern (Castoren) wird der radioaktive Müll in ein Zwischenlager transportiert. Die sogenannten Castor-Transporte kennst du vielleicht aus Berichten aus dem Fernsehen.
Die Transporte sind jedes Jahr Anlass großer Demonstrationen. Viele Menschen wollen nicht, dass Atommüll in ihrer Region gelagert wird. Sie haben Angst vor radioaktiver Strahlung und eventuellen Unfällen. Sie denken, dass die Stromerzeugung durch Kernenergie nicht sicher und nachhaltig genug ist.

Aufgaben

1. **Ermittle die Entfernung zu dem Atomkraftwerk, das am nächsten an deinem Wohnort liegt (Atlas).**
2. **Erkläre die Funktionsweise eines Atomkraftwerks (M3).**
3. **Erkundige dich bei einem Energieunternehmen deiner Wahl (z. B. www.verivox.de), wie groß der Anteil des Atomstroms am Energiemix ist.**

M4 Sitzblockade gegen einen Castor-Transport

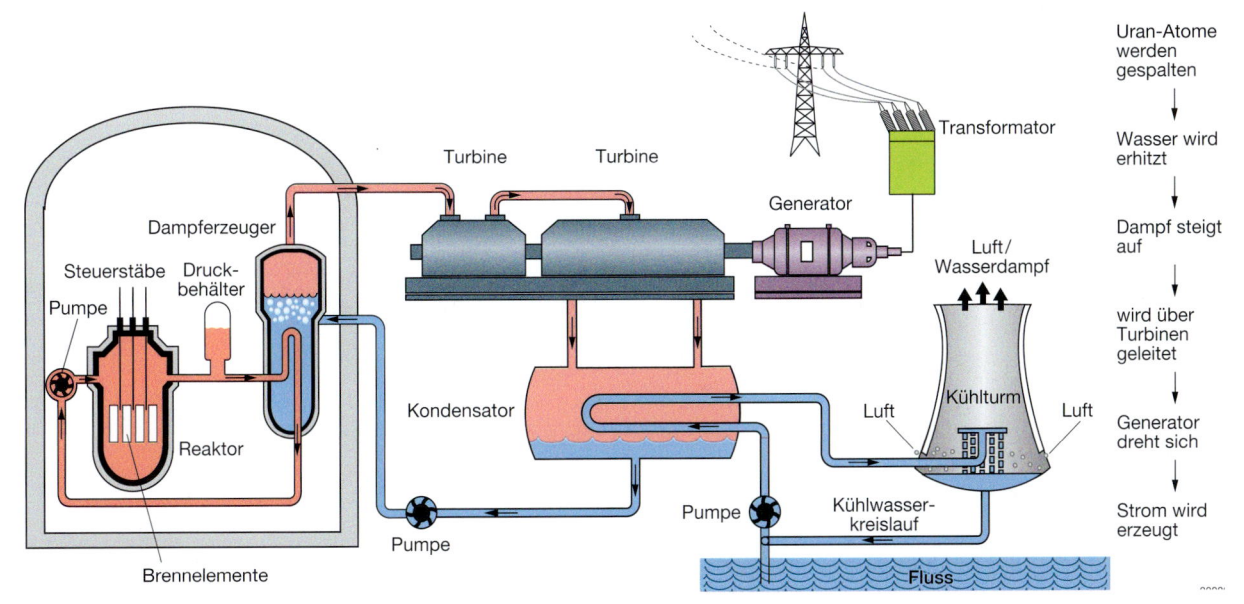

M3 So funktioniert ein Atomkraftwerk mit Druckwasserreaktor

67

Strom aus Sonne und Wind

Deutschlands erster Offshore-Windpark

Der Windpark Alpha Ventus liegt in der Nordsee, rund 45 Kilometer nördlich der Insel Borkum. Spezialschiffe haben hierhin zwölf Windräder transportiert. Diese wurden in großer Tiefe mit bis zu 60 Meter langen Stahlpfählen im Meeresboden verankert. Im Jahr 2009 wurde der Windpark in Betrieb genommen. Mithilfe dieser Windkraftanlage will man für zukünftige Offshore-Windparks in der Nord- und Ostsee Erfahrungen sammeln.

Strom aus Wind über dem Meer wird nämlich immer interessanter. Der Wind weht fast ununterbrochen aus Westen. Außerdem stehen ausreichende Flächen zur Verfügung.

Die Windparks können aber nur dort errichtet werden, wo man große Fischschwärme nicht gefährdet und den Schiffsverkehr nicht beeinträchtigt.

Du kennst natürlich solche Windräder, die es mittlerweile überall bei uns auf dem Festland gibt. Wenn man mit Windrädern Strom erzeugt, gelangen keine schädlichen Gase in die Umwelt. Das ist ein wesentlicher Vorteil.
Es gibt aber auch Nachteile. Oft stören sie das Landschaftsbild, machen Geräusche und werfen bewegte Schatten. Das stört viele Menschen, die in der Nähe solcher Windräder oder Windparks wohnen.

M1 Plakat der Bürgerinitiative „Lebenswertes Langenhorn" – ein Dorf in Nordfriesland

M2 Offshore-Windpark Alpha Ventus in der Nordsee

Energieerzeugung

Sonnenenergie

M3 Solarkraftwerk Laubusch (Sachsen)

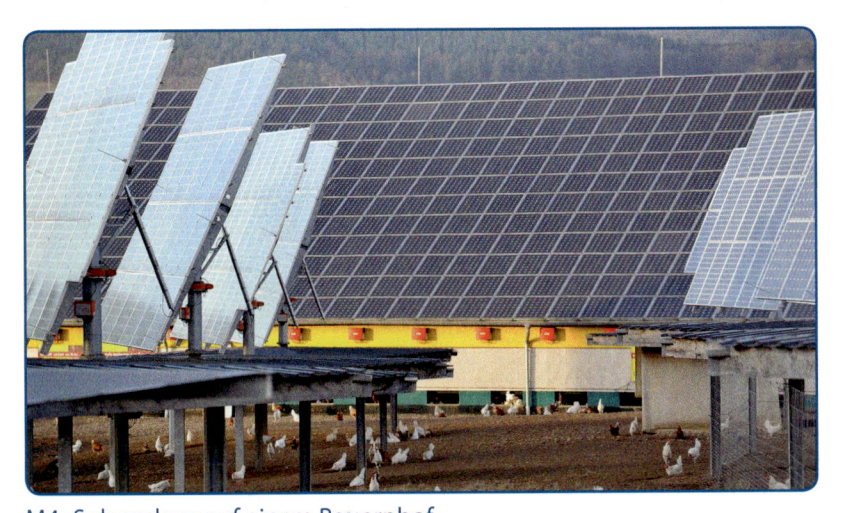

M4 Solaranlage auf einem Bauernhof

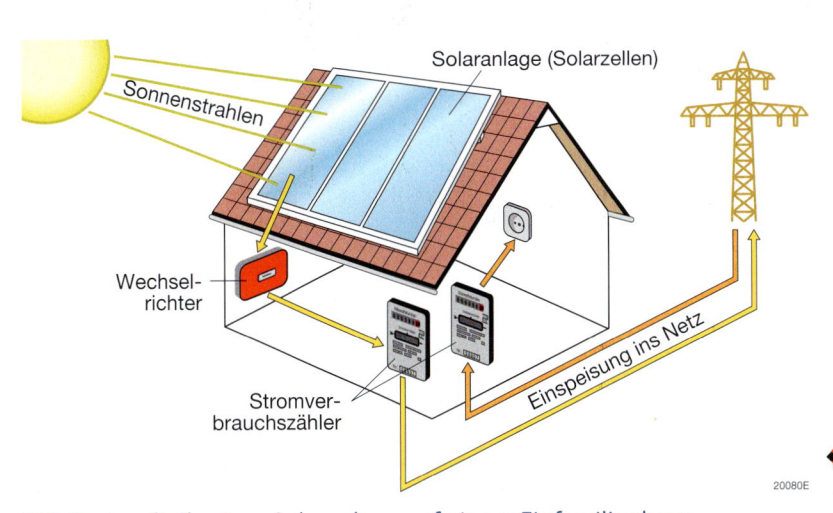

M5 Bestandteile einer Solaranlage auf einem Einfamilienhaus

Strom aus Sonne das ist prima, schont die Umwelt und das Klima!

Info

Photovoltaik

Die Sonne sendet mit ihren Strahlen jeden Tag 40-mal so viel Energie auf die Erde, wie die Weltbevölkerung in einem Jahr verbraucht.
In den Solarzellen einer Solaranlage (Photovoltaikanlage) wird Licht in einem physikalischen Vorgang in Strom umgewandelt (Photovoltaik).

Aufgaben

1 Erneuerbare Energie wird heute an vielen Orten erzeugt.
   a) Nenne Orte, an denen Windkraftanlagen stehen (Atlas).
   b) Nenne Orte, an denen durch Solaranlagen Strom erzeugt wird (Atlas).

2 Erkläre den Aufbau einer Solaranlage (M5).

3 Stelle Vor- und Nachteile von Wind- und Sonnenenergie in einer Tabelle gegenüber (Text, M1 – M5).

4 Befrage jemanden, der eine Solaranlage betreibt.
   a) Warum hat er die Anlage installiert?
   b) Wie zufrieden ist er mit dem Ergebnis?

Arbeitsheft

Strom aus Biogas und Wasserkraft

Wenn es stinkt, dann ist was faul!

M1 Biogasanlage

Biogas – Energieträger der Zukunft?

In Zukunft wird die Nutzung von Biomasse zur Energiegewinnung eine immer wichtigere Rolle spielen.

Bei der Stromerzeugung ist es vor allem Biogas, das viele Vorteile bringt.

Bei der Verbrennung des Gases in einem Heizkraftwerk entsteht neben umweltfreundlichem Strom auch Wärme, die zum Beispiel in einem landwirtschaftlichen Betrieb oder zu Heizzwecken in Gebäuden genutzt werden kann. Es werden nur so viele Gase freigesetzt, wie in den Pflanzen gespeichert wurden. Außerdem sind die verwendeten Ausgangsstoffe dauerhaft verfügbar und nicht vom Wetter (wie bei Windkraft oder Sonnenenergie) abhängig. Da in der Regel organische Abfälle, Dung, Gülle und nachwachsende Rohstoffe aus dem eigenen Betrieb Verwendung finden, entfallen weite Transporte. Die Reststoffe werden als organischer Dünger wieder auf die Felder ausgebracht. Dort werden sie von den Pflanzen wieder aufgenommen.

Nachteile sind, dass der Bau einer Biogasanlage sehr teuer ist. Wenn eine Anlage durch einen Schaden ausfällt, kann es zu starker Geruchsbelästigung in der näheren Umgebung der Anlage kommen.

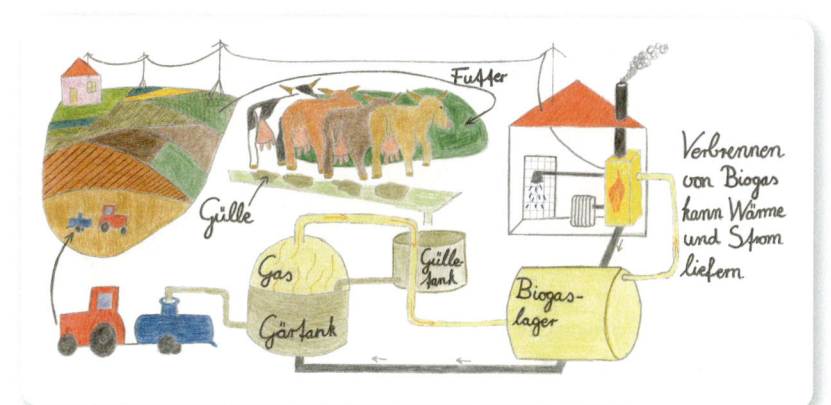

Info

Biogas

Biogas ist ein brennbares Fäulnisgas und kann deshalb als erneuerbarer Energieträger für die Strom- oder Wärmeerzeugung eingesetzt werden. Es entsteht, wenn Pflanzen oder Dung in warmer, feuchter Umgebung und unter Luftabschluss mithilfe von Bakterien verrotten.

Aufgaben

1. a) Erkundige dich, ob in deiner Nähe eine Biogasanlage arbeitet.
   b) Schreibe drei Fragen auf, die du dem Landwirt, der die Anlage betreibt, stellen würdest.
2. Erkläre, wie Biogas erzeugt wird (Info, M2).
3. Erläutere die Vorteile der Nutzung von Biogas (Text).
4. Begründe, warum Biogas einer der Energieträger der Zukunft sein könnte (M2, Text).

M2 Skizze eines Schülers zur Biogasnutzung auf einem Bauernhof

Energieerzeugung

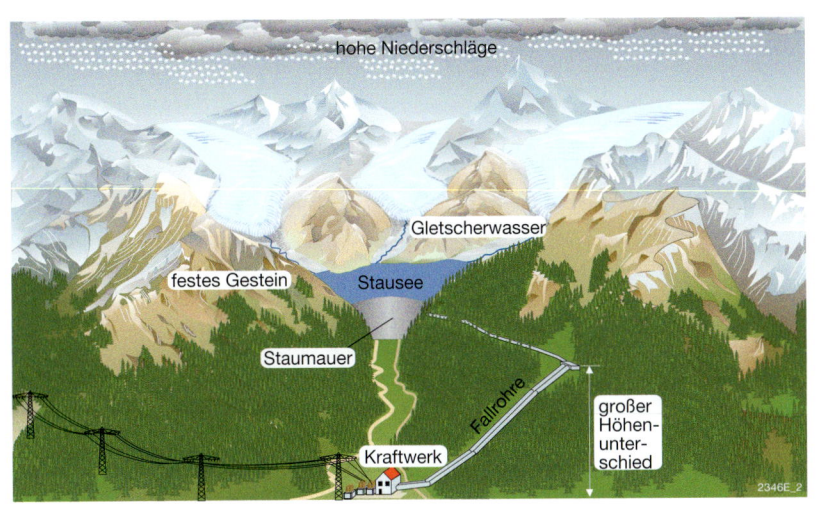

M3 Voraussetzungen für den Bau eines Speicherkraftwerks

Strom aus Wasserkraft

Wasser ist ein umweltfreundlicher regenerativer Energieträger.
Beste Voraussetzungen zur Nutzung der Wasserkraft haben Länder mit hohen Gebirgen und vielen Niederschlägen. So können zum Beispiel Österreich, die Schweiz und Schweden mehr als die Hälfte ihres Stroms aus Wasserkraft erzeugen.
Das Wasserkraftwerk Kaprun (Österreich) ist eines der größten Europas. Dort sind mehrere Stauseen, Kraftwerke und vier Hochgebirgsseen durch Stollen miteinander verbunden.

Pumpspeicherkraftwerke dienen zur Speicherung von Energie und zur Energieerzeugung, wenn zu bestimmten Zeiten besonders viel Strom benötigt wird.
Am Tage wird viel mehr Energie gebraucht als in der Nacht. Wenn viel Strom zur Verfügung steht, wird Wasser nach oben gepumpt. Mit dem gespeicherten Wasser im Oberbecken wird dann in Zeiten hohen Energiebedarfs wieder Strom erzeugt und in das Energienetz eingespeist.

In Deutschland gibt es derzeit über 30 große und kleine Pumpspeicherkraftwerke. Eines der modernsten und leistungsfähigsten dieser Kraftwerke Europas ist das Pumpspeicherwerk Goldisthal in Thüringen.
Ein weiteres ist an der Schmalwassertalsperre im Thüringer Wald geplant. Hier soll unter anderem Strom aus Wind- und Solarenergie gespeichert werden.

Der Bau neuer Wasserkraftwerke ist heute sehr umstritten, weil dadurch viele Pflanzen und Tiere, aber auch Menschen, ihren Lebensraum verlieren und die Landschaft verändert wird.

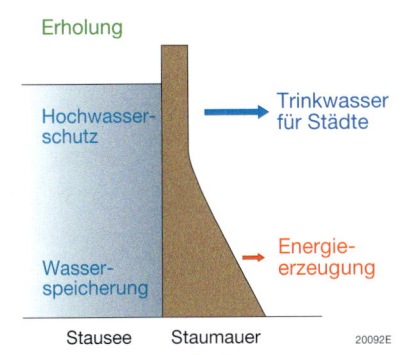

M4 Weitere Aufgaben von Talsperren

Info

Wasserkraftanlagen

In Wasserkraftwerken wird durch fließendes Wasser eine Turbine angetrieben, die mit einem Generator verbunden ist, der Strom erzeugt.
In Speicherkraftwerken wird Wasser in einem Stausee gespeichert.
Ein Pumpspeicherwerk besteht aus zwei Speicherbecken, von denen sich eins auf einem Berg befindet. Von dort fließt das Wasser durch große Rohre ins Tal in das andere Becken. Dabei treibt es eine Turbine an. Nachts pumpt die Turbine das gleiche Wasser wieder nach oben.

M5 Wasserkraftwerk von Kaprun

Aufgaben

5 Nenne wichtige Voraussetzungen für den Bau von Wasserkraftwerken (Text).

6 Erkläre die Funktionsweise
   a) eines Wasserkraftwerks (Text, M5).
   b) eines Pumpspeicherkraftwerks (Text, M3).

7 Erläutere, warum der Bau von Wasserkraftwerken auch Nachteile für die Umwelt hat.

Projektorientiertes Arbeiten

Mögliche Fragen:

- *Was ist eigentlich in Fukushima passiert?*
- *Wie funktioniert eine Photovoltaikanlage?*
- *Woher kommt der Strom, den ich täglich nutze?*
- *Was sind intelligente Stromnetze?*
- *...*

Es gibt so viele Formen der Energieerzeugung. Habt ihr dazu noch Fragen? Dann seid ihr hier genau richtig!

So geht ihr vor

1. **Schritt: Planungsphase**
   - Tragt Fragen und Ideen zum Thema Energieerzeugung zusammen, mit denen ihr euch genauer beschäftigen wollt.
   - Diskutiert eure Vorschläge und entscheidet euch für eine Problemstellung, die ihr bearbeiten möchtet.
     Beispiel: Strom aus Kernenergie – wie lange noch?
   - Findet Mitschüler, die eure Interessen teilen und mit denen ihr in einer Gruppe zusammenarbeiten wollt.

2. **Schritt: Durchführungsphase**
   - Sammelt Materialien. Nutzt eure Schulbücherei, eine Bibliothek oder verschiedene Medien für eure Informationsbeschaffung (z. B. Bücher, Zeitschriften, Zeitungen, Internet, Radio, Fernsehen).
   - Sichtet das Material und wertet es aus. Erstellt eine Gliederung.
   - Überlegt euch, wie ihr eure Ergebnisse präsentieren wollt (z. B. Vortrag, Wandzeitung, Computerpräsentation, Rollenspiel, Internetseite).

3. **Schritt: Auswertungsphase**
   - Besprecht die Ergebnisse in der Klasse oder in der Gruppe.
   - Gebt euch Rückmeldungen, was gut war oder macht Verbesserungsvorschläge.

M1 Schüler bei der Materialsammlung

Info

Projektorientiertes Arbeiten

In Projekten wird aktiv und selbstständig ein Thema bearbeitet, das ihr euch selbst aussuchen könnt oder das vom Lehrer vorgegeben wird. Für den Projekterfolg ist es besonders wichtig, mit anderen Personen zusammenzuarbeiten, gezielt Fragestellungen zu beantworten und die Ergebnisse zu präsentieren.

Geofix-Tipp: Überlegt, ob ihr eure Arbeit auch anderen Personen präsentieren möchtet (z. B. auf eurer Homepage, beim Tag der offenen Tür,...).

Aufgabe

1 Führt ein Projekt zum Thema Energieerzeugung durch.

Einen Kurzvortrag halten

So geht ihr vor

1. **Schritt: Zielstellung und Aufbau**
   - Formuliert in einem Satz, was ihr mit eurem Vortrag erreichen wollt.
   - Erstellt eine Gliederung: Einleitung, Hauptteil, Schluss.
     Euer Ziel: Aus einem Wollknäuel einen roten Faden machen.
   - Achtet auf die zeitliche Beschränkung eures Vortrages.

2. **Schritt: Veranschaulichung und Medieneinsatz**
   - Stellt wichtige Inhalte in Form von Tabellen, Diagrammen oder Bildern dar.
   - Gestaltet euer Anschauungsmaterial übersichtlich:
     Denkt daran: Übersichtlichkeit geht vor Schönheit!
   - Versucht, so viele Sinne wie möglich anzusprechen:
     zum Beispiel Sehen, Hören, Fühlen, Riechen oder Schmecken.

3. **Schritt: Persönliches Auftreten**
   - Unterstützt inhaltliche Aussagen durch eure persönliche Ausstrahlung: Körperhaltung, Gesten, Mimik/ Lächeln.
   - Sprecht deutlich und betont, möglichst frei und nicht zu schnell.
   - Haltet Blickkontakt zu euren Zuhörern. Dadurch bemerkt ihr, ob sie euch verstehen oder Fragen haben.

Geofix-Tipp

Halte den Kurzvortrag zur Probe (z. B. vor Mutter, Vater oder Geschwistern). Stoppe dabei die Zeit. Mach einen Zeitplan. Oft dauert der Vortrag etwas länger als bei der Probe, aufgrund von Fragen, Suchen nach Folien usw.

Tipps zur Internetrecherche

Wenn ihr einen Begriff in eine Suchmaschine eingebt, dann erscheinen sehr viele Einträge. Wie geht ihr mit dieser Informationsflut um?

Diese Fragen erleichtern euch eure Recherche:

> *Was weiß ich schon über das Thema?*
> ↓
> *Was will ich über das Thema noch wissen?*
> ↓
> *Welche Schlagworte beschreiben mein Thema?*

M2 Schüler bei der Internetrecherche

Gebt die passenden Schlagwörter in eine Suchmaschine ein (z. B. Google, Yahoo, Ecosia). Sammelt Informationen für euer Thema, zum Beispiel aus Texten, Bildern, Tabellen, Grafiken. Schreibt euch die Quellen auf, damit ihr die Medien später wiederfindet.

www.enerbee.tv
www.zukunft-der-energie.de
www.bmwi.de
www.erneuerbare-energien.de
www.atom4kids.net

Gewusst – gekonnt

1 Kreuz-und-quer-Rätsel

Lege die Überhangfolie auf das Rätsel und löse es. Benutze auch das Internet.
Beachte: ö = oe.

Waagerecht
1 Eine Anlage zur Förderung von Steinkohle ist ein … .
2 Elektrische Energie aus einem bestimmten Rohstoff gewinnt man im … .
3 Nach Ende des Braunkohlenabbaus verkippt man die Deckschichten auf der … .
4 Vor Beginn des Braunkohlenabbaus werden die Deckschichten auf der … verkippt.
5 … entstand aus Braunkohle und ist sehr alt.
6 Wenn Menschen wegen des Tagebaus wegziehen müssen, nennt man das … .
7 Den Abbau von Bodenschätzen von der Erdoberfläche aus nennt man … .
8 Im … wird mithilfe von Koks Eisen aus Eisenerz herausgeschmolzen.
9 Eine mehr oder weniger dicke Kohleschicht zwischen anderen Gesteinsschichten ist ein … .

Senkrecht
1 … wird im Rheinischen Braunkohlenrevier abgebaut.
2 Die Wiederherstellung von Landschaften nach dem Tagebau heißt … .
3 Ein unverarbeiteter Stoff, so wie er in der Natur vorkommt, ist ein … .

2 Was ist dargestellt?

Beschreibe, was du auf den Bildern siehst.

ALLES KLAR

3 Regenerative oder nicht regenerative Energieträger?

Benenne die dargestellten Energieträger und entscheide, ob sie regenerativ oder nicht regenerativ sind. Fülle die Tabelle aus. Benutze die Überhangfolie. Begründe deine Entscheidung.

regenerativ	nicht regenerativ

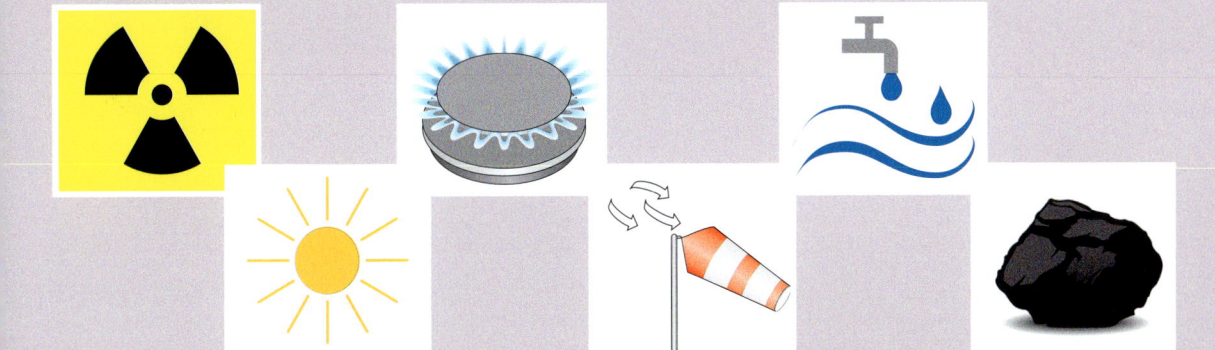

4 Buchstabensalat

Finde die versteckten elf Begriffe zum Thema Energieerzeugung. Sie können waagerecht und senkrecht im Buchstabensalat vorkommen.
Lege dazu die Überhangfolie auf das Rätsel und markiere auf der Folie die Begriffe. Beachte: ö = oe.

H	I	B	I	O	G	A	S	A	N	L	A	G	E	F
K	O	H	L	E	F	L	O	E	Z	Y	B	K	O	E
E	L	P	A	S	F	V	X	R	I	L	W	S	L	S
R	E	K	U	L	T	I	V	I	E	R	U	N	G	W
N	B	N	K	M	G	L	Z	R	H	U	M	K	L	E
E	V	U	O	E	U	E	T	E	I	T	P	M	P	R
N	C	E	R	D	G	A	S	I	S	A	O	A	H	T
E	H	K	N	N	B	N	C	L	T	G	L	S	O	Z
R	E	U	D	D	N	W	Z	E	W	E	A	S	T	U
G	O	T	D	S	O	S	B	K	J	B	M	R	O	I
I	K	T	R	E	G	E	N	E	R	A	T	I	V	O
E	L	F	I	E	L	Z	I	O	R	U	A	K	O	P
B	J	H	W	F	P	G	B	N	I	J	I	N	L	I
K	M	D	I	O	S	S	B	M	F	D	A	M	T	H
I	N	U	E	S	N	D	D	S	E	L	B	V	A	B
N	O	F	F	S	H	O	R	E	-	J	I	R	I	N
N	I	P	W	I	N	D	P	A	R	K	P	E	K	M
L	J	M	C	L	G	H	V	X	S	D	D	C	B	M

Das kannst du jetzt:

– die Energieerzeugung aus regenerativen und nicht regenerativen Energieträgern beschreiben,
– verschiedene Energieträger miteinander vergleichen,
– Fragestellungen zum Thema Energieerzeugung selbstständig erarbeiten und die Ergebnisse in einem Kurzvortrag präsentieren.

Du kannst dabei folgende Fachbegriffe verwenden:
Atomkraftwerk (AKW)
nicht regenerative
(nicht erneuerbare) Energieträger
regenerative
(erneuerbare) Energieträger
Rekultivierung

Verkehr

Vor- und Nachteile von Transportmitteln	**78**
Flughafen Frankfurt – Zentrum des Luftverkehrs	**80**
Hamburger Hafen – „Tor zur Welt"	**82**
Berlin – ein Verkehrsknoten	**84**
Verkehr in den Alpen	**86**
Verkehr vermeiden – verlagern – verbessern	**88**
Europäische Verkehrsprojekte	**90**
Gewusst – gekonnt	**92**

Verkehrswege aus der Luft betrachtet, sehr interessant!

M1 Binnenhafen von Duisburg (Nordrhein-Westfalen)

Vor- und Nachteile von Transportmitteln

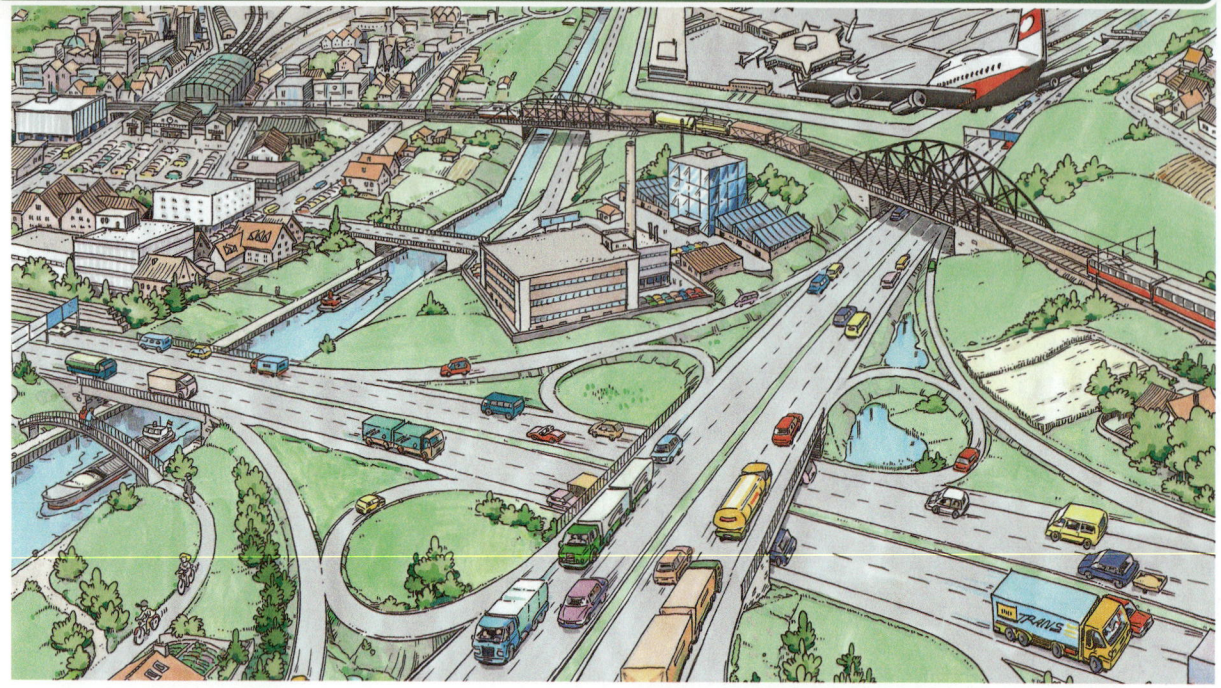

M1 Die Gesamtheit aller Verkehrswege ergibt das Verkehrsnetz.

M2 Entladung von Massengut

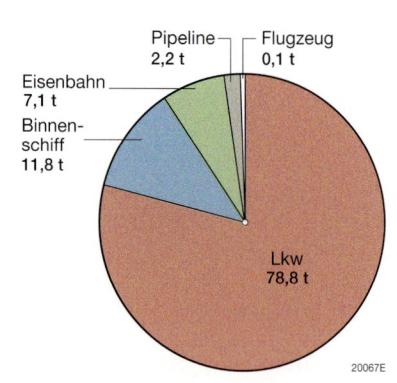

Pipeline 2,2 t
Flugzeug 0,1 t
Eisenbahn 7,1 t
Binnenschiff 11,8 t
Lkw 78,8 t

M3 Beförderung von Gütern innerhalb Deutschlands (Anteile auf 100 Tonnen bezogen, 2011)

Verkehrswege und Verkehrsmittel

Tausende Tonnen Nahrungsmittel, Industriegüter, Bau- und Heizmaterial werden in einer Stadt täglich benötigt. Sie werden mit verschiedenen Verkehrsmitteln auf einem engmaschigen Verkehrsnetz herangeschafft. Wenn sich diese Verkehrswege kreuzen, wird es auch Verkehrsknoten genannt. Dabei hat jedes Verkehrsmittel seine Vor- und Nachteile.

Massengüter (z. B. Kohle, Erz, Erdöl) werden meist mit dem Schiff oder mit der Bahn transportiert. Wenn genügend Zeit vorhanden ist, werden auch Stückgüter, wie Kisten, Maschinen oder Maschinenteile, mit Schiffen transportiert. So werden zum Beispiel Autos von Japan mit dem Seeschiff nach Rotterdam gebracht.

In den letzten Jahren hat der Transport mit Containern stark zugenommen. In ihnen können empfindliche Waren, wie Fernseher, Computer oder Kühlwaren, optimal transportiert werden. Ein weiterer Vorteil von Containern ist, dass sie mit allen Verkehrsmitteln befördert werden können.

Wenn es aber ganz schnell gehen muss, erfolgt der Transport per Flugzeug. Nelken, die morgens in Kenia geschnitten wurden, werden in Kühlcontainer verpackt und landen am Abend in Frankfurt. Sie werden schon am nächsten Morgen zum Beispiel in Erfurt oder Berlin verkauft.

Die Wahl des Verkehrsmittels ist nicht einfach. Meist ist es sinnvoll, verschiedene Transportmittel zu kombinieren. So können Autos in Japan mit dem Lkw zum Hafen transportiert werden, mit dem Schiff nach Europa, vom Hafen mit der Bahn zum Großhändler und von dort mit dem Lkw zum Autohaus. Solche Transporte müssen so geplant werden, dass sie preisgünstig und schnell sind. Dies erledigen Logistik-Firmen.

Verkehr

M4 Containerschiff am Containerterminal

1 PS (Pferdestärke) Zugkraft befördert:
- Schiff: 4000 kg
- Eisenbahn: 500 kg
- Lkw: 150 kg

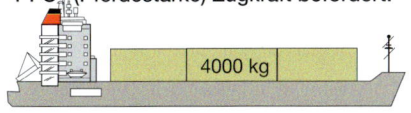

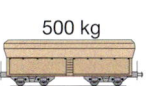

Zum Transport von 1000 t werden benötigt:
- 10 Jahre Lebensdauer (Lkw)
- 30 Jahre Lebensdauer (Eisenbahn)
- 50 Jahre Lebensdauer (Schiff)

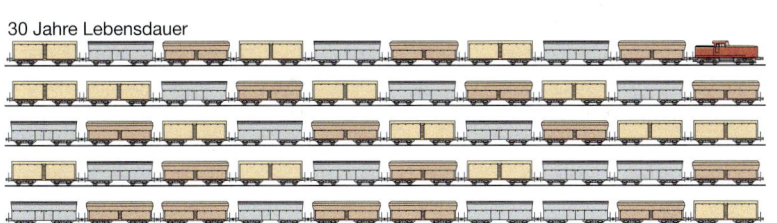

M5 Leistungen verschiedener Verkehrsmittel im Güterverkehr im Vergleich

Aufgaben

1. In M1 sind verschiedene Verkehrswege und Verkehrsmittel dargestellt.
   a) Nenne alle dargestellten Verkehrswege und Verkehrsmittel.
   b) Ordne ihnen die entsprechenden Bauwerke zu (z. B. Autobahn, Brücke). Lege dazu eine Tabelle an.

2. Die Wahl des richtigen Verkehrsmittels im Güterverkehr ist nicht einfach. Diskutiert, welche Verkehrsmittel ihr verwenden würdet für den Transport von: Tieren, Pflastersteinen, Computern, Benzin, Blumen und Möbeln.
   Hinweis: Beziht in eure Diskussion unterschiedliche Mengen und Transportstrecken ein.

   Arbeitsheft

Merkmal / Verkehrsmittel	Frachtpreis	Pünktlichkeit	Geschwindigkeit	Mengenleistung
Eisenbahn	4	1	3	3
Straße/Lkw	3	3	2	4
Binnenschiff	2	4	5	3
Seeschiff	1	5	4	1
Flugzeug	5	2	1	5

1 sehr günstig 2 günstig 3 durchschnittlich
4 weniger günstig 5 ungünstig

Flughafen Frankfurt – Zentrum des Luftverkehrs

Bedeutung des Flughafens

Der Fraport, der Frankfurter Airport, ist der wichtigste Flughafen Deutschlands und einer der zehn größten Flughäfen der Welt. Im Jahr 2011 wurden hier etwa 56 Millionen Passagiere und 2,2 Millionen Tonnen Luftfracht abgefertigt. In Europa liegt der Flughafen bei der Passagierzahl auf Platz zwei und an erster Stelle beim Transport von Luftfracht.

Dabei handelt es sich vor allem um den Import und Export von Gütern, die schnell über weite Entfernungen transportiert werden müssen: Jumbojets holen zum Beispiel Obst aus Neuseeland oder Computer aus Taiwan. Sie bringen auch wichtige Ersatzteile für die Automobil- bzw. die Flugzeugindustrie nach Brasilien oder Indonesien.

M1 Die „Skytrain", eine vollautomatische Hochbahn, verbindet den Ost- mit dem Westteil des Flughafens

Betriebe am Frankfurter Flughafen

710 000 Beschäftigte in über 500 Betrieben

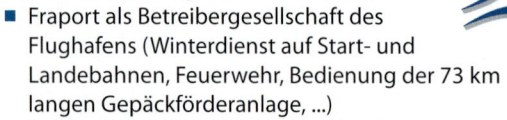

- Fraport als Betreibergesellschaft des Flughafens (Winterdienst auf Start- und Landebahnen, Feuerwehr, Bedienung der 73 km langen Gepäckförderanlage, ...)
- Luftverkehrsgesellschaften (Verkauf von Tickets, Einchecken)
- Behörden (Polizei, Zoll)
- Speditionen (An- und Abtransport von Luftfracht)
- Autovermietungen
- Handel (Supermärkte, Friseure, Textilien, Zeitschriften, Bücher)
- Banken (Geldwechsel)
- Hotels, Gaststätten (24 Restaurants)
- Catering-Betriebe (Verpflegung für Flugzeugpassagiere)
- Reinigungsbetriebe
- Mineralölhandel (Benzin, Schmieröl)
- sonstige Betriebe (z. B. Wachdienste, Rettungsdienste, Wartung und Reparatur von Flugzeugen)

Fraport – Frankfurt Airport Services Worldwide

M2 Fraport – der Rhein-Main-Flughafen Frankfurt

Verkehr

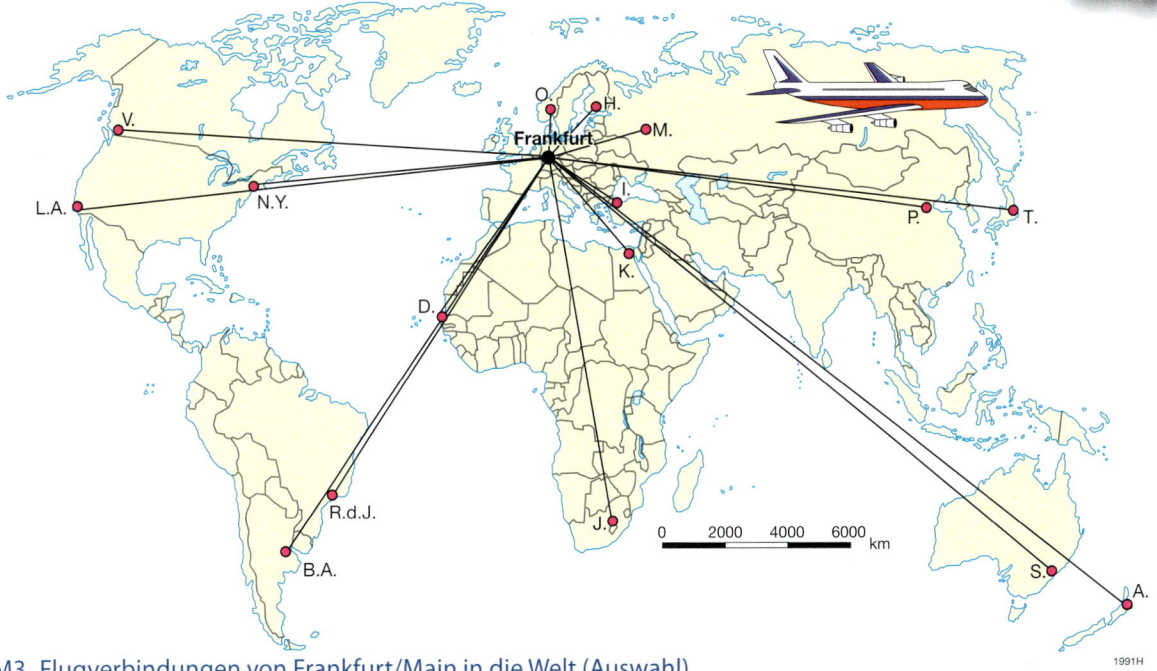

M3 Flugverbindungen von Frankfurt/Main in die Welt (Auswahl)

Im Passagierverkehr ist der Fraport für seine schnelle Abfertigung bekannt. Es dauert höchstens 45 Minuten, bis ein Fluggast von einem in ein anderes Flugzeug umgestiegen ist. Daher wählen viele Fluglinien Frankfurt als Umsteige-Flughafen: Fast die Hälfte aller ankommenden Passagiere fliegt in kurzer Zeit mit einem anderen Flugzeug weiter.

Nicht nur der Flughafen macht die Stadt am Main zu einem der bedeutendsten Verkehrsknoten Europas: Autobahnen aus allen Himmelsrichtungen treffen hier zusammen. Täglich fahren im Frankfurter Hauptbahnhof, Europas größtem Reisezugbahnhof, über 1100 Züge ein und aus. Auch die Verkehrsmittel des Nahverkehrs sind gut ausgebaut. Die U-Bahnen, S-Bahnen und Buslinien des Öffentlichen Personennahverkehrs (ÖPNV) verbinden alle wichtigen Punkte der Stadt mit dem Stadtumland. So können die über 200 000 Menschen täglich gut ihre Arbeitsplätze erreichen. Dennoch kommt es auch hier während der Rushhour immer wieder zu Verkehrsbehinderungen.

Die vielen An- und Abflüge bringen für die Anwohner eine ständige Lärmbelastung. Viele von ihnen sind daher gegen einen weiteren Ausbau des Flughafens und für ein generelles Nachtflugverbot.

M4 Verkehrsgünstiges Wohnen in der Umgebung des Flughafens – Karikatur

Aufgaben

1 **Nenne zehn Flughäfen, von denen aus Frankfurt erreicht werden kann (M3, Atlas).**
2 **Erkläre die Bedeutung des Fraports für den Luftverkehr und das Arbeitsplatzangebot in Frankfurt und seinem Umland (Text, M3).**
3 **Der Flughafen hat für die Menschen der Umgebung auch Nachteile. Erkläre.**
4 **Interpretiere M4.**

Hamburger Hafen – „Tor zur Welt"

M1 Hamburgs Verkehrsverbindungen

Im Hamburger Hafen

Der Hamburger Hafen ist der größte deutsche Seehafen. Schiffe aus mehr als 100 Staaten laufen den Hafen an. Viele Millionen Tonnen Güter werden dort umgeschlagen, das heißt aus- oder eingeladen.

Der Hamburger Hafen ist ein Universalhafen, denn es werden nahezu alle Güter gelöscht (entladen). Massengüter, wie Getreide, Holzschnitzel und Kohle, werden ohne Verpackung transportiert. Zur Verkürzung der Liegezeiten der Schiffe werden moderne Umschlagtechniken genutzt.

So können mit Getreidehebern über 1000 Tonnen pro Stunde aus den Laderäumen der Schiffe gepumpt werden. Stückgüter, wie Maschinen, Kaffee, Bananen, werden meist in Containern, Kisten und Säcken transportiert. Bereits 97 Prozent des gesamten Stückgutumschlags erfolgen mit Containern.

Das Containerterminal Altenwerder arbeitet vollautomatisch. So kann ein Containerschiff an einem Tag durch riesige Kräne auf Schienen (Katzbrücke) schnell be- und entladen werden, denn bereits eine Stunde Aufenthalt im Hafen kostet fast 50 000 Euro.

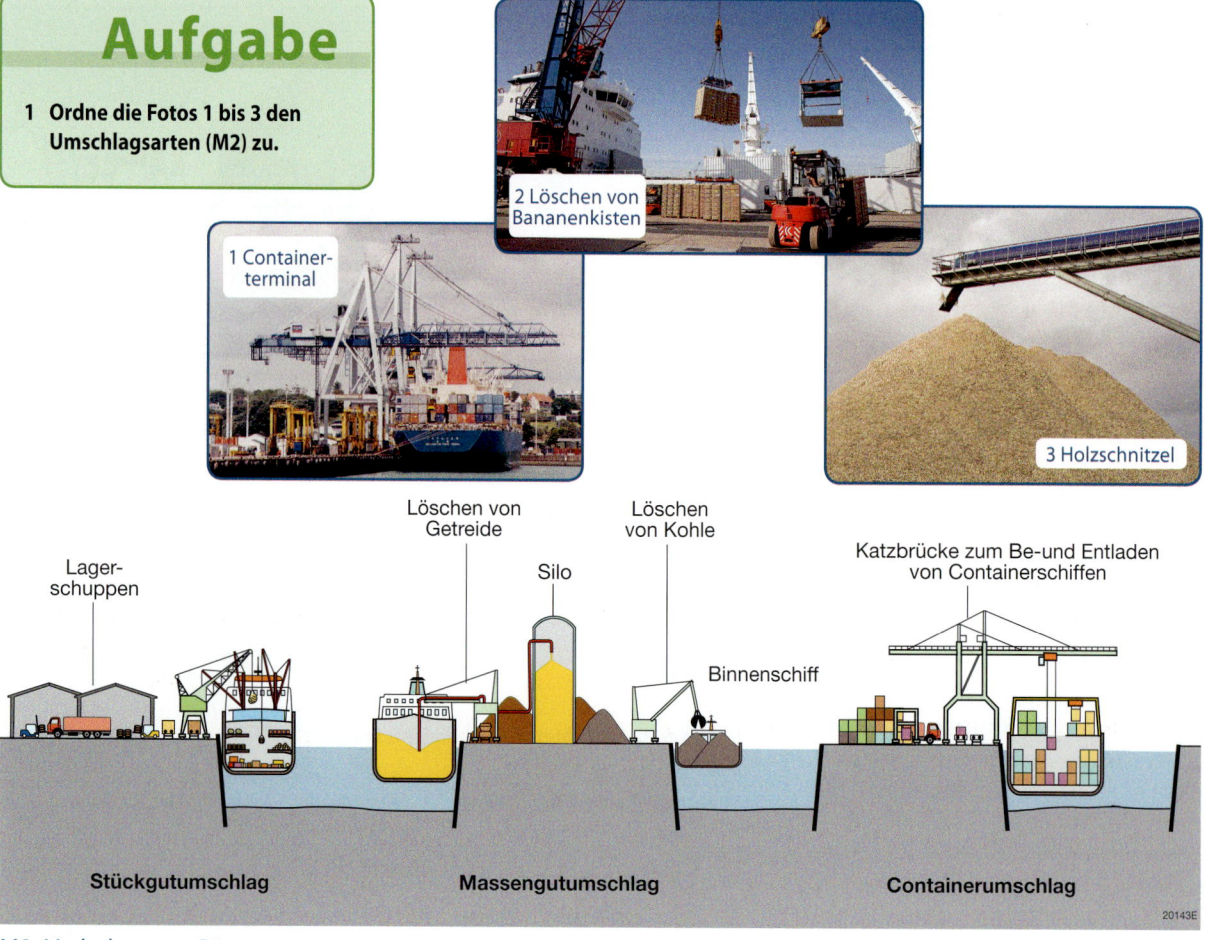

Aufgabe

1. Ordne die Fotos 1 bis 3 den Umschlagsarten (M2) zu.

1 Containerterminal

2 Löschen von Bananenkisten

3 Holzschnitzel

M2 Verladen von Gütern

Stückgutumschlag — Massengutumschlag — Containerumschlag

www.heimatundwelt.de
HW-044

M3 Blick auf den Burchardkai und den Stadtteil Finkenwerder im Hintergrund

M4 Maße eines Standardcontainers

Jahr	1990	2000	2010
Gesamtumschlag	61,4	92,4	121,1
Containerumschlag	2,0	4,7	7,9

M5 Gesamt- und Containerumschlag im Hamburger Hafen (in Mio. t)

Aufgaben

2 Nenne die Verkehrswege, die Hamburg mit dem Hinterland verbinden (M1).

3 a) Beschreibe die Aufgaben eines Hafens.

b) Erkläre die Begriffe Seehafen und Binnenhafen.

4 Nenne Teilbereiche des Hamburger Hafens und erkläre ihre Aufgaben (Atlas).

5 Der Hamburger Hafen ist ein bedeutender Seehafen.

a) Beschreibe die Entwicklung des Umschlages im Hamburger Hafen (M5).

b) Erkläre, warum der Containerumschlag eine besondere Bedeutung hat (Text, M5).

Arbeitsheft

Häfen sind Verkehrsdrehscheiben für den Handel mit Waren, die auf dem Straßen-, Schienen-, Luft- oder Wasserweg weitertransportiert werden. Neben dem Weitertransport der Waren mit den verschiedenen Verkehrsmitteln wird Erdöl in Pipelines transportiert.

Aufgrund der Lage zum Meer werden Binnenhäfen und Seehäfen unterschieden. Binnenhäfen befinden sich an Flüssen im Landesinnern, Seehäfen, zum Beispiel Hamburg, Bremen oder Rostock, haben einen offenen Zugang zum Meer.

Berlin – ein Verkehrsknoten

M1 Verkehrsmittel des ÖPNV in Berlin

M3 Berliner Hauptbahnhof

Berlin – viele Verkehrswege und Verkehrsmittel

Berlin ist durch das Zusammentreffen vieler wichtiger Verkehrswege ein internationaler Verkehrsknoten. Eisenbahnlinien, Autobahnen, Bundesstraßen, Fluglinien und Wasserwege kreuzen sich hier.
Im Berliner Hauptbahnhof laufen bedeutende europäische Eisenbahnlinien und Linien des Regionalverkehrs zusammen.

Die Hauptstadt ist auch an das internationale Autobahn- und Wasserstraßennetz angeschlossen. Berlin verfügt über ein gut ausgebautes innerstädtisches Verkehrsnetz. S- und U-Bahnlinien, Straßenbahnen, Busse sowie Fähren bilden den Öffentlichen Personennahverkehr und werden von Berlinern und Touristen täglich in großer Anzahl genutzt.

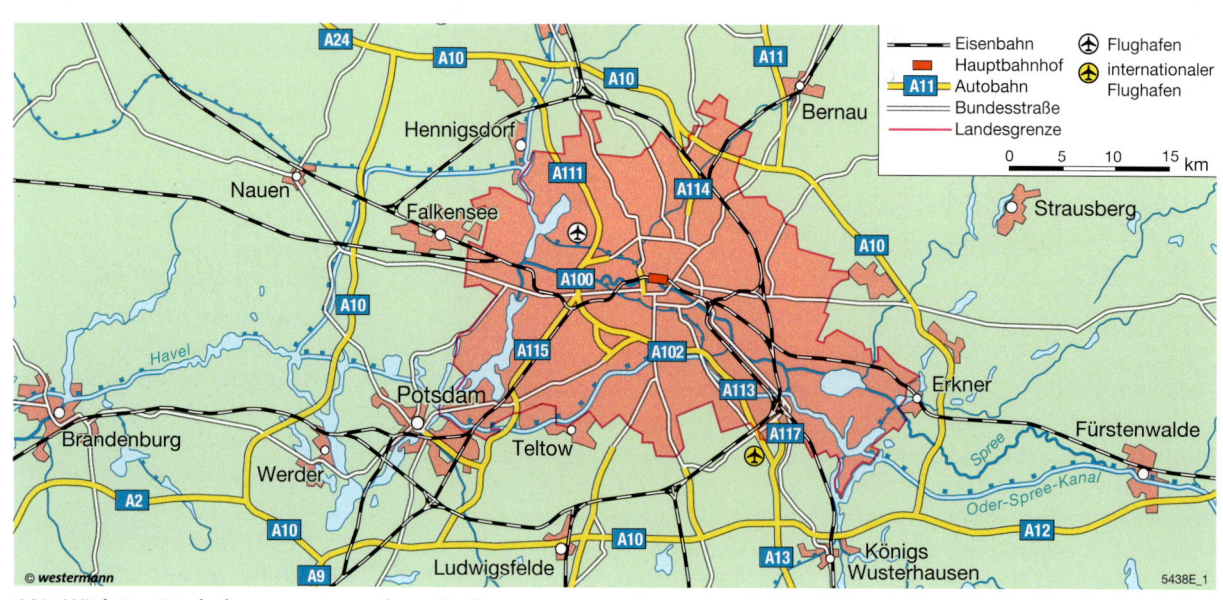

Aufgaben

1 Erkläre, warum Berlin als Verkehrsknoten bezeichnet wird (M2).
2 Benenne die in M1 dargestellten Verkehrsmittel.

M2 Wichtige Verkehrswege in und um Berlin

Verkehr

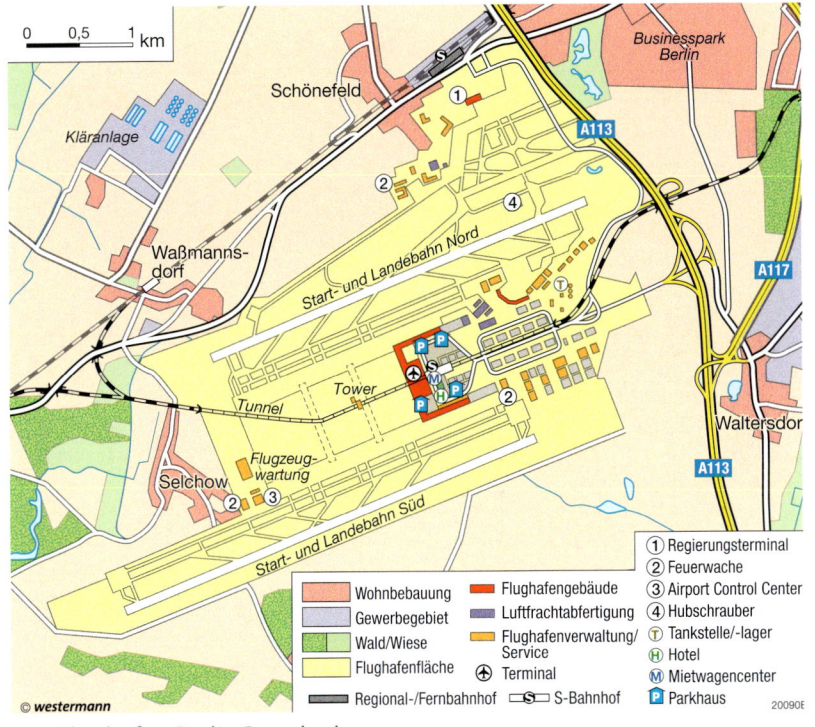

M4 Flughafen Berlin Brandenburg

Der Flughafen Berlin Brandenburg „Willy Brandt" (Eröffnung 2013) ist mit über 23 Millionen Passagieren einer der größten Flughäfen in Deutschland.

Für die Anwohner ergeben sich durch die vielen Flüge Lärmbelästigungen. Beim Neubau des Flughafens mussten Anwohner umgesiedelt werden.

Im direkten Umland bildet die Autobahn A10 einen Ring um Berlin (M2). Er soll die Innenstadt vom Durchgangsverkehr entlasten.

Die innerstädtische Autobahn A100 (M2) gehört zu den am meisten befahrenen Straßen Deutschlands. Lärm- und Luftbelastungen für die Anwohner sind Folgen einer so hohen Verkehrsdichte.

Autobahn	Bundesland	Autobahnabschnitt von	nach	Anzahl der Fahrzeuge am Tag
A100	Berlin	Dreieck Funkturm	Kurfürstendamm	186 100
A100	Berlin	Kurfürstendamm	Hohenzollerndamm	171 400
A3	Nordrhein-Westfalen	Kreuz Köln-Ost	Dreieck Köln-Heumar	166 100
A100	Berlin	Innsbrucker Platz	Kreuz Schöneberg	162 900
A100	Berlin	Hohenzollerdamm	Schmargendorf	159 800
A3	Nordrhein-Westfalen	Kreuz Leverkusen	Leverkusen-Zentrum	157 600

M5 Die verkehrsreichsten Autobahnabschnitte Deutschlands

M6 Luftbild vom Bau des Flughafens Berlin Brandenburg (2011)

Aufgaben

3 Nenne Verkehrswege, die den Flughafen Berlin Brandenburg mit dem Umland und Berlin verbinden (M4).

4 Erkläre, warum die A100 die am stärksten befahrene Autobahn Deutschlands ist (M2, M5).

5 Erkläre, warum der Flughafen und die Autobahnen auch negative Auswirkungen für die Anwohner haben können.

Arbeitsheft

Verkehr in den Alpen

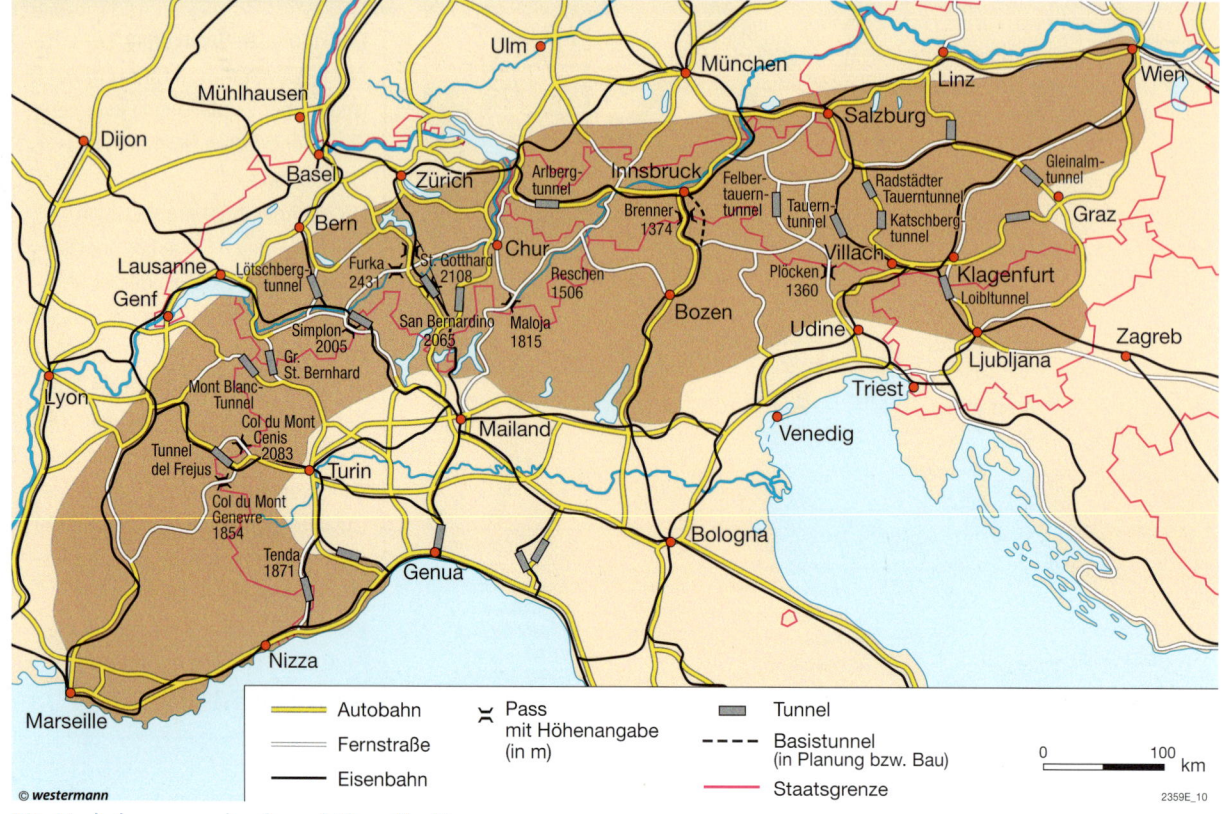

M1 Verkehrswege durch und über die Alpen

M2 Am St. Gotthard (Schweiz)

M3 Die Zugspitze ist mit 2 962 Metern der höchste Berg in den deutschen Alpen.

Die Alpen – ein Verkehrshindernis?

Durch die Alpen führen Straßen und Eisenbahnstrecken, die in ihrer Gesamtlänge mehrmals um die Erde reichen würden. Diese werden dafür genutzt, Menschen und Güter im Alpenraum zu transportieren.

Sie dienen aber auch als Durchfahrtswege. Bedingt durch ihre Lage mitten in Europa stellen die Alpen für Reisende und den Gütertransport auch eine natürliche Barriere auf dem Weg von Mittel- nach Südeuropa und umgekehrt dar. Deshalb ist dieses Hochgebirge einer der meistgenutzten Transiträume der Erde.

Zu den besonders belasteten Transitstrecken gehört zum Beispiel auch die Autobahn von München nach Kufstein über die Europabrücke und den Brenner nach Norditalien.

Verkehr

Schon seit Jahrtausenden überqueren die Menschen die Alpen. Sie nutzen dazu die Pässe. Das sind tiefer liegende Stellen in einer Gebirgskette, über die es möglich ist, von einem Tal in das andere zu gelangen.

Über Jahrhunderte war eine Alpenüberquerung äußerst zeitraubend und auch gefährlich. Einheimische mit Geländekenntnissen transportierten die Waren mit Pferden und Mauleseln auf schmalen und unbefestigten Pfaden.

Pro Jahr verbringen etwa 40 Millionen Menschen ihren Urlaub in den Alpen. 2010 haben über 4,5 Millionen Lkws die Alpen überquert. Über die Straßen und den Schienenweg wurden im gleichen Jahr über 100 Millionen Tonnen Güter transportiert. Die Alpen sind das durch Verkehr am meisten belastete Hochgebirge der Erde.

Diese enorme Verkehrsdichte belastet die Natur sowie die Bewohner der Alpen. Gleichzeitig muss davon ausgegangen werden, dass der Verkehr in den nächsten Jahren noch weiter zunimmt. Die Verkehrswege sind aber schon heute an ihren Belastungsgrenzen anglangt.
Daher müssen neue, leistungsfähigere Anlagen, zum Beispiel der Gotthard-Basistunnel, gebaut werden.

M5 Vor 2000 Jahren stellte die Alpenüberquerung ein echtes Wagnis dar.

M4 Die Alpen – ein Hindernis

Aufgaben

1 Erläutere, warum die Alpen ein bedeutender Transitraum sind.

2 „Früher war eine Alpenüberquerung ein Wagnis". Erläutere diese Aussage (M5).

3 a) Erkläre den Begriff Pass.
  b) Nenne wichtige Pässe und Tunnel in den Alpen (M1).
  c) Beschreibe die Verkehrswege, die du benutzen musst, wenn du eine Urlaubsreise von deinem Heimatort ans Mittelmeer machst (M1, Atlas).

4 „Der Verkehr über die Alpen verursacht Probleme für Menschen und Umwelt." Erläutere diese Aussage.

5 Interpretiere M4.

Arbeitsheft

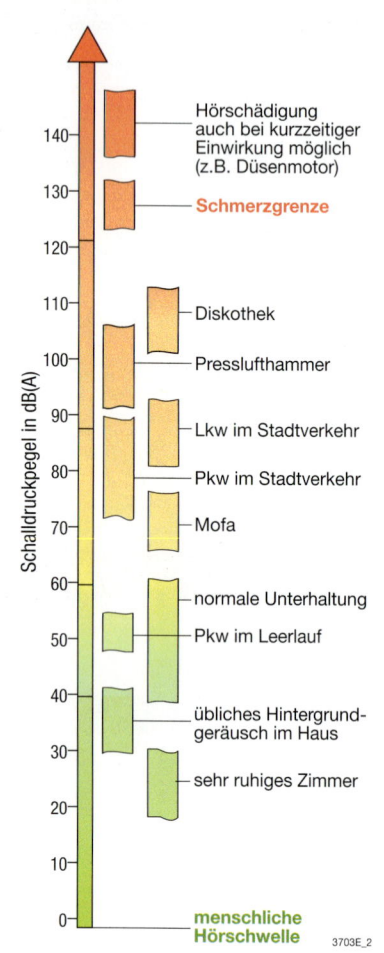

Verkehr vermeiden – verlagern – verbessern

M1 Lautstärke von Umweltgeräuschen

(Schalldruckpegel in dB(A))
- 140: Hörschädigung auch bei kurzzeitiger Einwirkung möglich (z.B. Düsenmotor)
- 130: Schmerzgrenze
- 110: Diskothek
- 100: Presslufthammer
- 90: Lkw im Stadtverkehr
- 80: Pkw im Stadtverkehr
- 70: Mofa
- 60: normale Unterhaltung
- 50: Pkw im Leerlauf
- 40: übliches Hintergrundgeräusch im Haus
- 20: sehr ruhiges Zimmer
- 0: menschliche Hörschwelle

M3 Scheinwerferlicht macht Tiere orientierungslos – es droht ein Unfall

Auswirkungen des Verkehrs

Jeder von uns ist Verkehrsteilnehmer, ob mit Auto, Fahrrad, Bus, Bahn oder zu Fuß. Die einzelnen Verkehrsmittel bringen uns schnell zu unserem Bestimmungsort und helfen uns, notwendige Güter zu transportieren.

Die Verkehrsmittel und Verkehrswege haben nicht nur Vorteile. Durch den Bau von Straßen, Parkplätzen und Eisenbahntrassen werden große Flächen verbraucht. Es werden Wälder abgeholzt oder Feuchtwiesen trockengelegt. Jährlich werden Hunderte Menschen und Tausende Tiere durch Unfälle getötet.

Durch den Verkehr kommt es auch zum Ausstoß großer Mengen an Abgasen. Diese schädigen die Umwelt und beeinträchtigen die Gesundheit und Lebensqualität der Menschen. Ebenfalls kann Verkehrslärm, zum Beispiel an viel befahrenen Straßen oder in der Nähe von Flughäfen, krank machen. Die Verkehrsmittel tragen unterschiedlich zur Umweltbeeinflussung bei (M5). Unsere wachsenden Bedürfnisse nach Urlaubsreisen oder Waren aus aller Welt lassen den Verkehr immer mehr ansteigen. Damit werden die negativen Folgen des Verkehrs zu einem Problem, das uns alle angeht.

Info

Schalldruckpegel

Der Schalldruckpegel ist ein Maß zur Beschreibung der Stärke des Schalls. Die Einheit, in der er gemessen wird, ist Dezibel (dB).

Mehr als 230 000 Wildunfälle werden den Autoversicherungen jedes Jahr angezeigt, meldet der ADAC. Mehr als 2500 Verletzte und viele Tote sind jährlich durch Unfälle mit Wild zu beklagen. Über 200 000 Stück Reh-, Rot- und Schwarzwild verendeten dabei.

(nach: www.fr-online.de/auto/wildunfaelle-jaehrlich-sterben-250-000-tiere,1472790,3239372.html)

M4 Zeitungsmeldung von 2012

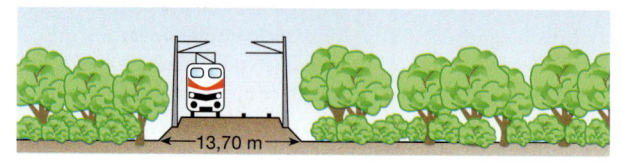

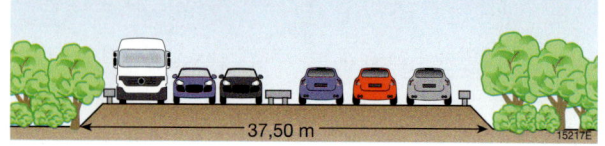

M2 Landschaftsverbrauch: Vergleich Eisenbahntrasse – Autobahn (13,70 m / 37,50 m)

Verkehr

Wie können wir dazu beitragen, die negativen Auswirkungen des Autoverkehrs zu verringern?

Viele Fahrten mit dem Auto kann man sparen, wenn man stattdessen Fahrgemeinschaften bildet und den ÖPNV nutzt. Wenn Arbeits- und Ausbildungsplätze und Einkaufsmöglichkeiten in der Nähe des Wohnortes entstehen würden, wären weniger Wege nötig.
Die Verlagerung des Verkehrs von der Straße auf die Schiene ist eine weitere Alternative. Da wir aber nicht ganz auf das Auto verzichten können, ist es wichtig, den Straßenverkehr zu verbessern. Dies kann durch Geschwindigkeitsbeschränkungen, Verkehrsleitsysteme, Verringerung des Kraftstoffverbrauchs durch die Entwicklung sowie den Einsatz von Elektro- und Hybridantrieben und durch umweltfreundliche Kraftstoffe geschehen.

M6 Gesundheitsgefährdung durch Abgase

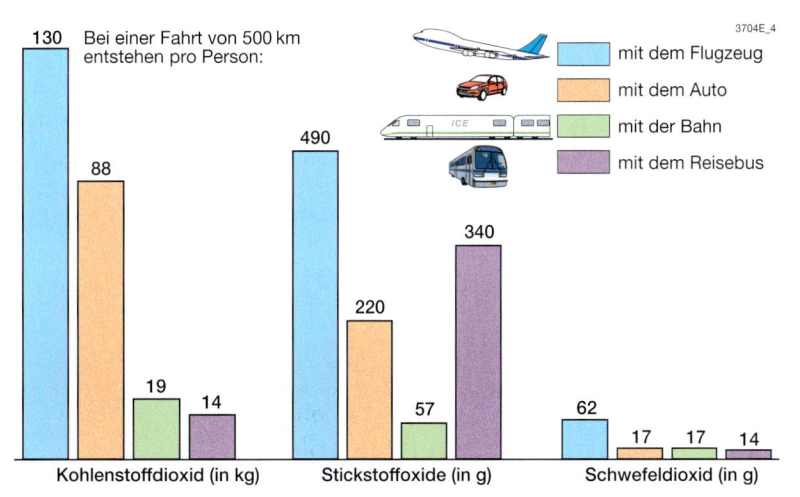

M5 Schadstoffausstoß durch Verkehrsmittel

Flächenbedarf von Pkws und Bus im Vergleich

Die Stadtverwaltung Münster organisierte im August 1990 einen eindrucksvollen Vergleich:
60 Pkws demonstrierten auf dem Prinzipalmarkt ihren Straßen- bzw. Parkraumbedarf. Die 72 Insassen (im Berufsverkehr ist jeder Pkw durchschnittlich mit 1,2 Personen besetzt) würden in einem einzigen Bus der Stadtwerke Platz finden.

Aufgaben

1. a) **Beschreibe die Unterschiede im Landschaftsverbrauch einer Eisenbahntrasse und einer Autobahn (M2).**
   b) **Nenne Folgen für die betroffenen Landschaften.**

2. **Erkläre, warum der Straßenverkehr eine große Gefahr für Menschen darstellt (M1, M5, M6). Gehe dabei auf folgende Themen ein: Gesundheit, Abgase, Lärm, Unfälle.**

3. **Fast jeder weiß, dass die Nutzung des Autos mit Nachteilen verbunden ist. Trotzdem verzichten viele Menschen nicht auf dieses Verkehrsmittel. Diskutiere in einer Gruppe (vier bis fünf Schüler) dieses Thema. Bereitet euch auf diese Diskussion vor und schreibt vorher eure Argumente auf.**

Europäische Verkehrsprojekte

M1 Hochgeschwindigkeitszüge Europas

Modernisierung des Verkehrsnetzes

Das europäische Hochgeschwindigkeitsnetz soll bis zum Jahr 2015 etwa 35 000 Kilometer umfassen. Dazu müssen aber 20 000 Kilometer neue Strecken gebaut oder bereits bestehende Strecken erweitert werden.

Die Kosten für dieses ehrgeizige Vorhaben werden auf 250 Milliarden Euro geschätzt. Bei vielen Streckenabschnitten ergeben sich zudem Bedenken über Gefahren für die Umwelt. Beim Bau neuer Verkehrswege sind Eingriffe in die Natur notwendig. Pro Kilometer Hochgeschwindigkeitsstrasse werden etwa drei Hektar Fläche verbraucht – das sind etwas mehr als drei Fußballfelder! Ein Autobahnkilometer verbraucht im Vergleich rund zehn Fußballfelder.

Reisevergleich Frankfurt/Main – Paris

a) Zugfahrt: 3 Std. 50 Min.
b) Flug:
   Fahrt zum Flughafen: 25 Min.
   Check-in: 60 Min.
   Flug: 70 Min.
   Check-out und Gepäck: 30 Min.
   Fahrt in die Innenstadt: 45 Min.
c) Autofahrt: ca. 7 Std.

Info

Beispiele für große Verkehrsprojekte

- Tunnelbauten durch Gebirge (z. B. Brenner-Basis-Tunnel) und unter Meeresarmen (z. B. Eurotunnel)
- Großbrücken über Meeresteile (z. B. über den Øresund)
- Modernisierung von Häfen (z. B. Europoort Rotterdam)
- Kanalbauten (z. B. Main-Donau-Kanal)
- Ausbau des Straßennetzes und von Eisenbahnlinien
- Bau von Flughäfen (z. B. Flughafen Berlin Brandenburg)

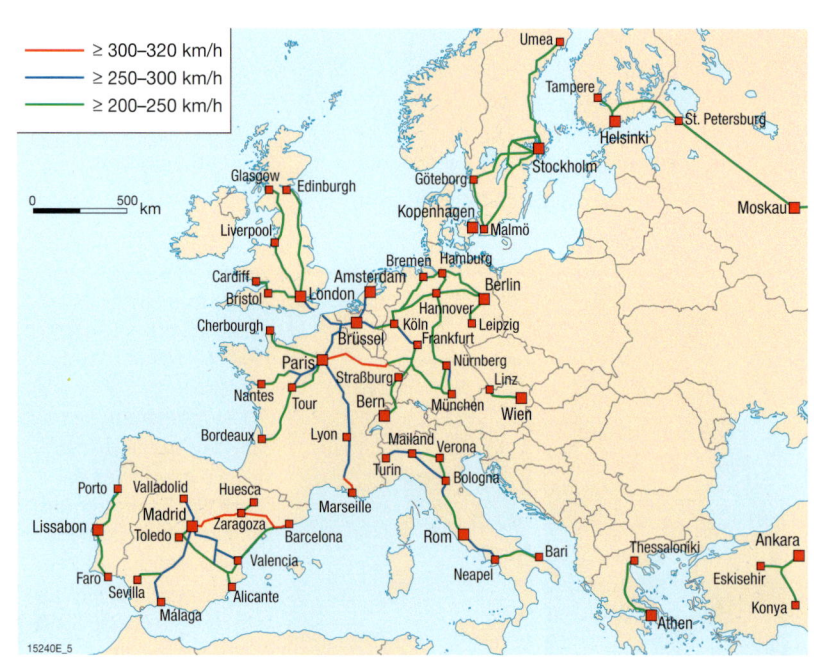

M2 Europäisches Hochgeschwindigkeitsnetz (2012, zum Teil in Planung)

Verkehr

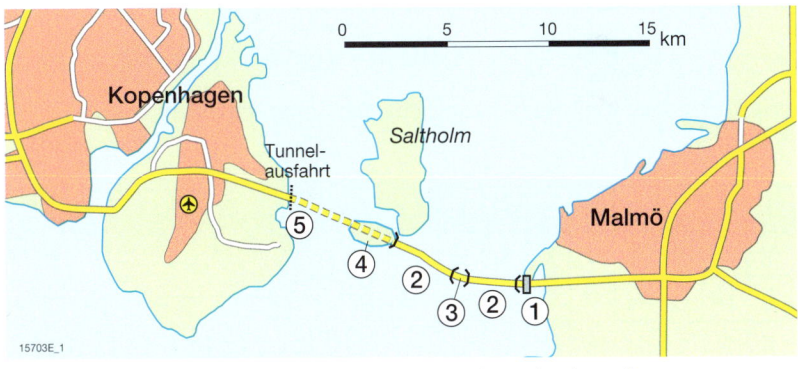

M3 Die Øresundbrücke verbindet Dänemark und Schweden

Die Øresundbrücke

Durch die Fertigstellung der Øresundbrücke (sprich: Öresundbrücke) im Juni 2000 wurde die erste feste Verbindung zwischen Dänemark und Schweden verwirklicht. Der Øresund ist eine Wasserstraße in der Ostsee, die Dänemark von Schweden trennt. Ihre Breite beträgt zwischen Kopenhagen und Malmö etwa 16 Kilometer. Die beiden Städte sind bedeutende Wirtschaftszentren. Für die Region konnte durch den Bau seit 2001 ein wirtschaftlicher Aufschwung und ein Bevölkerungszuwachs verzeichnet werden. Mit der Brücke gibt es erstmals eine Straßen- und Schienenverbindung zwischen Skandinavien und Mitteleuropa. Die verkürzten Fahrzeiten sind auch für die EU wichtig. Die Øresundbrücke ist Teil eines EU-Projekts.

Die Brücke besteht aus zwei Etagen. Oben befindet sich die Autobahn mit vier Fahr- und zwei Standspuren. Acht Meter darunter verkehren die Züge der schwedischen und dänischen Staatsbahnen im halbstündigen Rhythmus zwischen Malmö und Kopenhagen. Vom Startpunkt Malmö aus befahren, führt die Strecke zunächst durch eine Mautstelle ①, weiter über eine 3 739 Meter lange Vorlandbrücke ② zur eigentlichen Øresundbrücke ③, auch Hochbrücke genannt. Sie besteht aus einer Schrägseilbrücke mit einer Hauptspannweite von 490 Metern. Anschließend gelangt man zu einer vier Kilometer langen, künstlich aufgeschütteten Insel ④, der man den idyllischen Namen Peberholm (Pfefferinsel) gab. Von dort aus geht es noch durch einen 3,7 Kilometer langen Unterwassertunnel ⑤, bis man die dänische Hauptstadt Kopenhagen erreicht.

Aufgaben

1 Erkläre, warum es mit der Øresundbrücke erstmals möglich ist, von Deutschland nach Schweden zu gelangen, ohne eine Fähre zu benutzen und nicht fast die gesamte Ostsee zu umrunden (M5).

2 Beschreibe den Aufbau der Øresundverbindung (Text, M3).

3 Erkläre, warum die Øresundbrücke ein wichtiges EU-Projekt ist.

M5 Verlauf der Øresundbrücke

M4 Øresundbrücke

Gewusst – gekonnt

1 Wortsuchrätsel

Finde die im Wortsuchrätsel versteckten zwölf Begriffe (waagerecht und senkrecht) zum Thema Verkehr. Benutze die Überhangfolie.

Y	Ö	J	S	R	D	C	Ö	X	B	V	D	D	S	E	E
K	C	L	N	U	L	O	Ä	V	Ö	P	K	G	T	X	G
M	X	P	P	B	Y	N	M	E	W	H	H	V	Ü	P	B
A	D	Q	U	H	K	T	A	R	N	L	U	W	C	O	I
S	W	P	D	O	T	A	Y	K	U	I	B	T	K	R	N
S	S	U	Q	X	X	I	S	E	R	Q	M	P	G	T	N
E	E	K	C	R	J	N	Ö	H	U	N	N	R	Ü	G	E
N	E	V	E	R	K	E	H	R	S	K	N	O	T	E	N
G	H	R	K	W	T	R	G	S	H	X	S	N	E	I	H
Ü	A	F	A	Q	A	V	I	M	H	H	D	D	R	M	A
T	F	M	F	B	T	X	T	I	O	D	H	Y	Q	P	F
E	E	M	G	Y	Ä	S	D	T	U	P	Q	R	H	O	E
R	N	M	D	V	G	U	D	T	R	K	O	A	K	R	N
X	K	D	B	V	E	R	K	E	H	R	S	N	E	T	Z
M	E	L	J	R	K	M	C	L	R	H	O	V	A	U	M
T	D	W	P	Ä	F	T	R	A	N	S	I	T	U	W	M

1 _____
2 _____
3 _____
4 _____
5 _____
6 _____
7 _____
8 _____
9 _____
10 _____
11 _____
12 _____

2 Auswertung von Diagrammen

a) Werte die Diagramme zur Verkehrsentwicklung im grenzüberschreitenden Personen- und Güterverkehr zwischen Deutschland, Polen und der Tschechischen Republik aus.
b) Nenne Gründe für die Entwicklung.
c) Erläutere Möglichkeiten, eine Zunahme des Verkehrsaufkommens zu verhindern.
d) Schreibe eine kurze Geschichte, wie die Welt in 50 Jahren mit weniger Verkehr aussehen könnte.

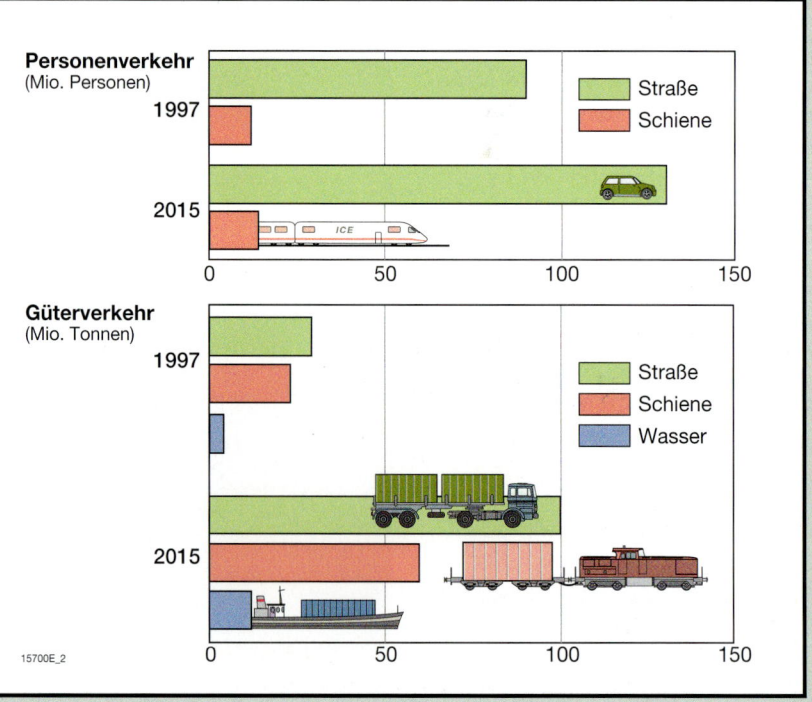

92

ALLES KLAR

**3 Ordne die folgenden Begriffe
a) den Verkehrswegen, b) den Verkehrsmitteln zu.**

Güterzug, Landstraße, Pkw, Seeschiff, Bahnstrecke, Fluglinie, Wasserweg, Personenzug, Binnenschiff, Flugzeug, ICE, ICE-Strecke, Lkw, Autobahn

4 Schiffe sind für besondere Transporte geeignet.

a) Nenne die Güter auf den Fotos Ⓐ, Ⓑ und Ⓒ, die mit Schiffen transportiert werden.

b) Ordne die Begriffe Massengüter, Container und Stückgüter den drei Fotos zu.

c) Nenne die Vorteile des Transports mit Schiffen gegenüber anderen Verkehrsträgern bei bestimmten Gütern.

Das kannst du jetzt:

– Vor- und Nachteile von Transportmitteln beurteilen,
– den Frankfurter Flughafen und den Hamburger Hafen als Zentren des Luft- und Seeverkehrs beschreiben,
– am Beispiel des Verkehrsknotens Berlin und des Verkehrs in den Alpen Vor- und Nachteile eines dichten Verkehrsnetzes erklären,
– negative Auswirkungen des Verkehrs erkennen und Verbesserungsmöglichkeiten diskutieren,
– europäische Verkehrsprojekte beschreiben.

Du kannst dabei folgende Fachbegriffe verwenden:
Binnenhafen
Container
Export
Import
Massengüter
Öffentlicher Personennahverkehr (ÖPNV)
Rushhour
Seehafen
Stückgüter
Transit
Verkehrsknoten
Verkehrsmittel
Verkehrsnetz

Leben in Städten und Dörfern

Mhm, in der Stadt?

Merkmale einer Stadt – Raumbeispiel Eisenach	96
Einen Stadtplan lesen	98 METHODE
Stadtentwicklung – Raumbeispiel Nordhausen	100
Eine Zukunftswerkstatt durchführen	104 METHODE
Berlin – Hauptstadt Deutschlands	106
Metropole Paris	110
Metropole London	114
Wo wir wohnen – Städte und Dörfer	116
Kugellager	117 METHODE
Leben im Dorf – früher und heute	118
Gewusst – gekonnt	120 ALLES KLAR

Wo möchte ich lieber wohnen? Das muss ich mir genau überlegen.

Vielleicht doch lieber im Dorf? Was hat für mich mehr Vorteile?

Merkmale einer Stadt – Raumbeispiel Eisenach

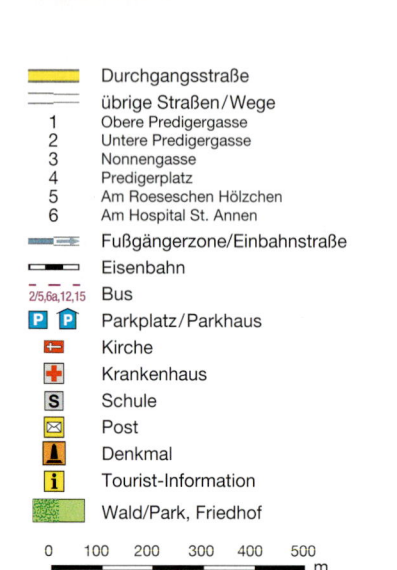

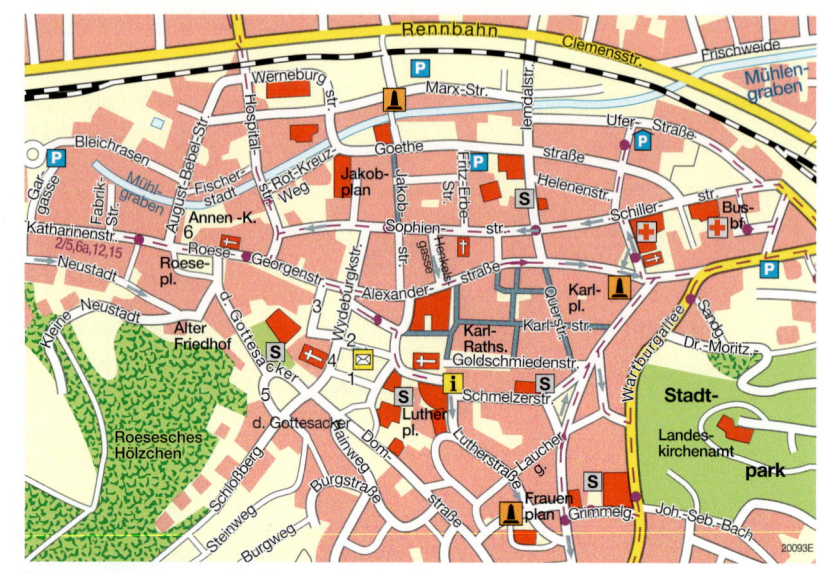

Durchgangsstraße
übrige Straßen/Wege
1 Obere Predigergasse
2 Untere Predigergasse
3 Nonnengasse
4 Predigerplatz
5 Am Roeseschen Hölzchen
6 Am Hospital St. Annen
Fußgängerzone/Einbahnstraße
Eisenbahn
2/5,6a,12,15 Bus
P Parkplatz/Parkhaus
Kirche
Krankenhaus
S Schule
Post
Denkmal
i Tourist-Information
Wald/Park, Friedhof

0 100 200 300 400 500 m

M1 Stadtplanausschnitt von Eisenach

Aufgaben

1 Erkläre, wodurch eine Siedlung das Stadtrecht erhielt und was dies bedeutete (Info).
2 Notiere zu den Begriffen Zentrum, City, Wohngebiet, Grüngürtel, Industrie- und Gewerbegebiet wichtige Merkmale (Text, M1).
3 Begründe, warum sich die Industrie- und Gewerbegebiete am Stadtrand angesiedelt haben.

Gliederung und Funktionen einer Stadt

Städte haben für die Menschen eine große Bedeutung. Sie sind historisch gewachsen. Dies erkennst du auch auf Stadtplänen. Oft ist die Altstadt noch heute von Resten der Stadtmauer umgeben.

In Großstädten gibt es neben dem Zentrum der Altstadt, als City ein Gebiet mit mehrstöckigen Geschäftshäusern. Die City ist Verwaltungs- und Kulturzentrum mit Behörden, Banken und Museen.

Dort befinden sich Kaufhäuser, Fachgeschäfte und Fachärzte. Die Fußgängerzone lädt zum Bummeln und Einkaufen ein.

Wohngebiete gehören ebenfalls zur Stadt. Dort ist das Wohnungsangebot groß. Es reicht von der Wohnung im Hochhaus über eine Wohnung in der Altstadt bis hin zum Wohnen im Eigenheim.

Grüngürtel mit Parks und Kleingärten dienen der Erholung. Oft befinden sich in ihnen Spielplätze und Sportanlagen. Solche Erholungsgebiete werden zur Freizeitgestaltung genutzt und dienen dem Tourismus.

Industrie- und Gewerbegebiete liegen meist am Rande der Stadt in verkehrsgünstiger Lage (z. B. an Autobahnen, Fernverkehrsstraßen, Eisenbahnlinien). Hier befinden sich für die Menschen der Stadt und des Umlandes die meisten Arbeitsplätze. Einkaufsparks mit vielen Geschäften und riesigen Parkplätzen sind für die Besucher sehr attraktiv.

Das Nikolaitor – Teil der Eisenacher Stadtmauer

Eisenachs Stadtmauer

Die Eisenacher Stadtmauer wurde im 12. Jahrhundert angelegt. Sie war etwa drei Kilometer lang, acht Meter hoch und bis zweieinhalb Meter breit. Bis 1832 wurden die fünf Stadttore allabendlich geschlossen. Im 19. Jahrhundert wurde die Mauer größtenteils abgerissen. Sie musste für neue Wohngebiete, Straßen und Fabriken weichen. Seit den 1970er-Jahren stehen ihre Reste unter Denkmalschutz. Als einziges Tor ist das Nicolaitor erhalten. Heute werden die Reste der Stadtmauer schrittweise saniert.

Leben in Städten und Dörfern

M2 Im Eisenacher Opelwerk

M5 Die Karlstraße im Zentrum von Eisenach

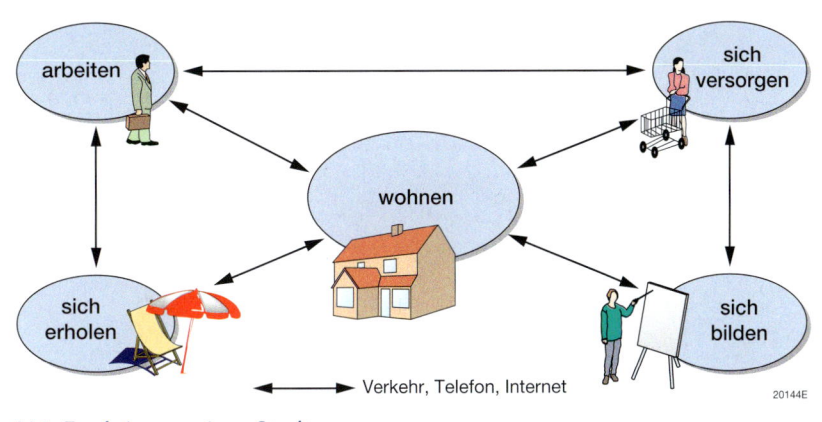

M4 Funktionen einer Stadt

M3 Im Stadtpark

M6 Berufsakademie Eisenach

Info

Stadtentwicklung

Erste Städte entstanden um Marktplätze, auf denen Handel betrieben wurde. Das Stadtrecht wurde von den Landesherren verliehen. Damit erhielten die Orte bestimmte Vorrechte wie das Markt- und Münzrecht, die Gerichtsbarkeit und das Baurecht. Im Jahre 1283 erhielt Eisenach das Stadtrecht.

Einen Stadtplan lesen

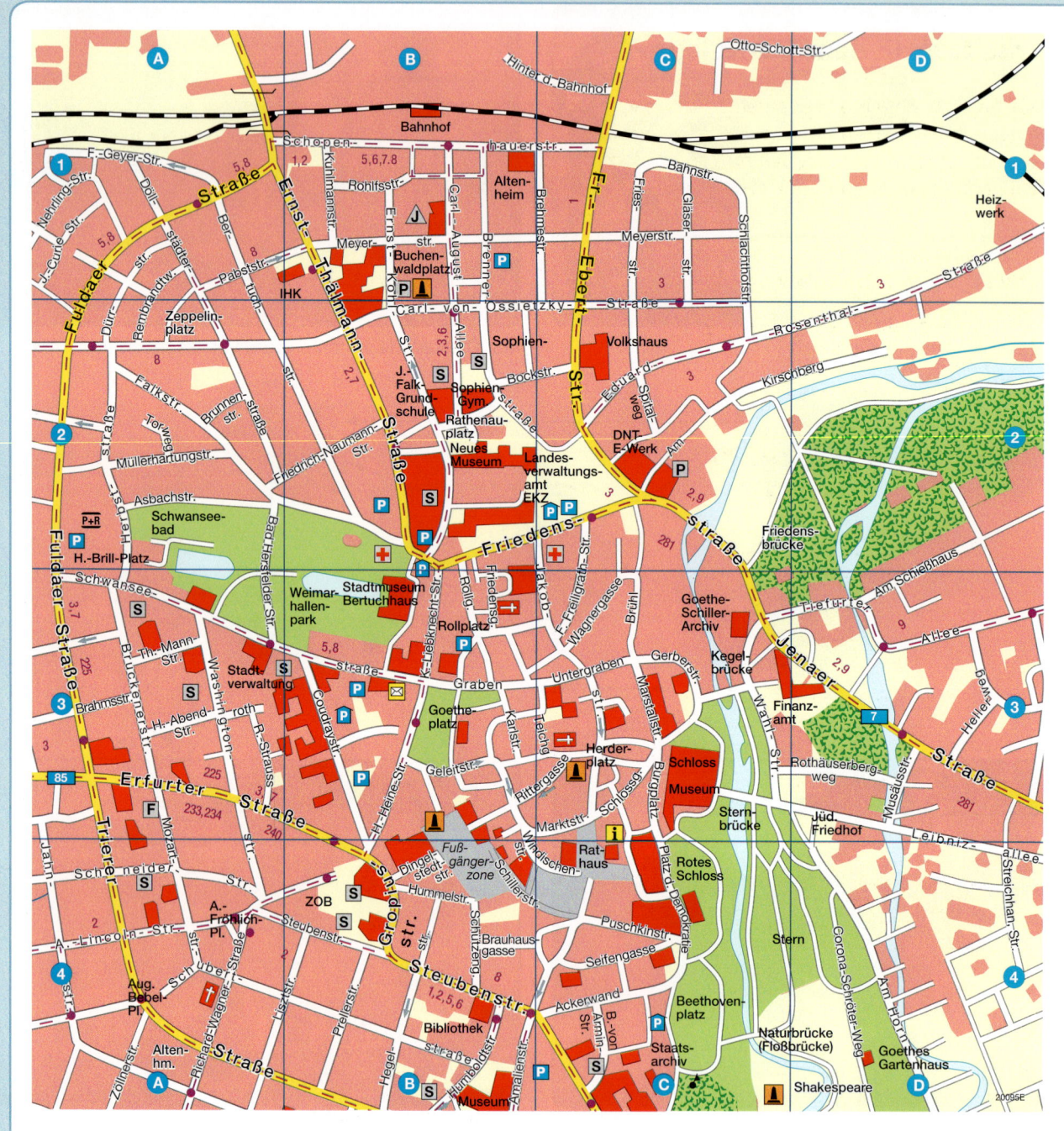

Register

Ackerwand C4
Am Kirschberg C2-D2
Am Schießhaus D2-3
Beethovenplatz C4
Brühl C3
Brunnenstraße A2
Burgplatz C3
Eduard-Rosenthal-Straße C2-D1

Friedrich-Naumann-Straße A2-B2
Heinrich-Heine-Straße B3
Herbststraße A2-3
Herderplatz C3
Karl-Liebknecht-Straße B3
Meyerstraße B1-C1
Müllerhartungstraße A2
Platz der Demokratie C4

Prellerstraße B4
Puschkinstraße C4
Rittergasse B3-C3
Schillerstraße B4-C4
Schlachthofstraße C1-2
Schwanseestraße A3-B3
Thomas-Mann-Straße A3
Wagnergasse C3

M1 Stadtplanausschnitt von Weimar und Auszug aus dem Register

Arbeiten mit dem Stadtplan

Max hat sich in Weimar verlaufen. Er befindet sich in der Rittergasse. In der Stadtinformation hat er sich nach seiner Ankunft in Weimar zum Glück einen Stadtplan besorgt. Damit findet er zum Burgplatz am Schloss zurück. Hier warten seine Freunde auf ihn.

So gehst du vor

1. **Schritt: Thema und Raum bestimmen**
   Bestimme das Thema und den dargestellten Raum der Karte. Mache dich mit der Legende vertraut.

2. **Schritt: Finden eines Ortes (z. B. Straße, Platz) im Register.**
   Das Register erleichtert dir zum Beispiel die Suche nach einer Straße im Stadtplan. Die alphabetisch geordnete Liste aller auf einem Stadtplan abgebildeten Straßen heißt Register. Hinter jedem Straßennamen ist das Planquadrat angegeben, in dem die Straße zu finden ist (z. B. Wagnergasse C3).

3. **Schritt: Finden eines Ortes im Stadtplan mithilfe der Planquadrate**
   Über den Stadtplan wurde ein Gitternetz aus Linien gelegt. Diese Linien bilden Vierecke und heißen Planquadrate. Oben und unten am Kartenrand stehen Buchstaben (z. B. im Stadtplanausschnitt von Weimar von A–D, rechts und links am Kartenrand stehen Zahlen 1–4). Damit lassen sich Planquadrate bezeichnen und Orte (z. B. Gebäude, Straßen, Plätze) finden (M1, M2).

Ich gehe über … .

Rittergasse

M2 Planquadrate

Aufgaben

1. **Arbeite mit M1. Suche mithilfe des Registers:**
   a) **Brunnenstraße,**
   b) **Schwanseestraße,**
   c) **Ackerwand,**
   d) **Heinrich-Heine-Straße.**
   Beschreibe, wie du vorgehst.

2. **In welchem Planquadrat liegen:**
   a) **Schloss,**
   b) **Volkshaus,**
   c) **Weimarhallenpark,**
   d) **Bahnhof?**

3. **Nenne den Standort von Max in M1. Gib das Planquadrat an.**

4. **Beschreibe mithilfe der Straßennamen den Weg, den Max zum Burgplatz gehen muss.**

Stadtentwicklung – Raumbeispiel Nordhausen

M3 Historische Stadtansicht von Nordhausen (1650)

M1 Stadtwappen Nordhausen

1820	9 900 Einw.
1840	12 000 Einw.
1900	28 000 Einw.
1925	35 000 Einw.
1945	32 000 Einw.
1980	47 000 Einw.
2000	46 000 Einw.
2011	44 000 Einw.

M2 Bevölkerungsentwicklung von Nordhausen (1820 bis 2011)

Aufgaben

1. Beschreibe die Lage der Stadt Nordhausen (Atlas).
2. „Früher lag Nordhausen verkehrsgünstig."
   a) Begründe diese Aussage.
   b) Gilt diese Aussage heute noch (Atlas)?
3. a) Werte M2 aus.
   b) Begründe den Bevölkerungsrückgang nach 1980.
   Arbeitsheft

Von der mittelalterlichen Stadt bis zur Gegenwart

Städte sind Ergebnis langer, vielgestaltiger Entwicklungen. Dies wird am Beispiel Nordhausens deutlich. Die Stadt befindet sich im Norden Thüringens, am Südrand des Harzes. Heute leben in der Stadt etwa 44 000 Menschen.

Die Entwicklung Nordhausens richtete sich nach den menschlichen und wirtschaftlichen Bedürfnissen. Während ihrer gesamten Entwicklung änderte sich das Stadtbild mehrere Male. Die Siedlung Nordhausen entwickelte sich am Schnittpunkt alter, überregionaler Verkehrsverbindungen. Nach Westen führte der Heerweg über Duderstadt, nach Osten gab es eine Straße zur Königspfalz Tilleda. Von Nordhausen nach Norden führte der „Königsstieg" zur Pfalz Quedlinburg im Harz.

Im Jahr 927 wurde die Siedlung „Nordhusana" erstmals urkundlich erwähnt. Otto II. verlieh dem Ort im Jahre 962 das Markt-, Münz- und Zollrecht.

Im 12. Jahrhundert ging die Entwicklung der Siedlung schnell voran. Menschen siedelten sich an und das Handwerk entwickelte sich.

Im 15. Jahrhundert kommt Nordhausen zu Wohlstand. Grundlage ist der Getreideumschlag aus der Goldenen Aue (Landschaft mit fruchtbarem Boden) auf dem Kornmarkt.

Die Stadt wurde immer wieder von Katastrophen wie Bränden und Kriegen heimgesucht. Nach Zerstörungen wurde sie immer wieder auf- und umgebaut.

M4 Die Rolandsäule von Nordhausen. Im Mittelalter wurden Rolandsfiguren als Symbol der Eigenständigkeit einer Stadt aufgestellt.

Leben in Städten und Dörfern

Entwicklung der Stadt von 1945 bis 1989

Die Waffenproduktion im Zweiten Weltkrieg führte am 3./4. April 1945 zu einer verheerenden Bombardierung der Stadt. 8800 Menschen starben, drei Viertel der Innenstadt wurden zerstört. Viele alte Fachwerkhäuser brannten ab.

Nach dem Krieg wurde die Stadt wieder aufgebaut. Häuser und Industrieanlagen entstanden. In den 1970er-Jahren wurden vorrangig Wohnsiedlungen im Plattenbaustil erbaut. Die Anzahl der Einwohner Nordhausens wuchs kontinuierlich.

Entwicklung seit 1990

Nach der Deutschen Einheit 1990 wurde die Altstadt saniert. Es entstanden Neubaugebiete mit Eigenheimen und die einst attraktiven Plattenbauten wurden teilweise abgerissen.

Viele Nordhäuser Firmen konnten der in- und ausländischen Konkurrenz nicht standhalten und mussten schließen. Die Arbeitslosigkeit zwang viele Menschen, abzuwandern oder in anderen Orten einen Arbeitsplatz zu finden.
Wichtige Arbeitgeber Nordhausens sind heute das Schachtbau-Unternehmen und die Firma „Nordbrand".

Im Jahr 2004 war Nordhausen Austragungsort der 2. Thüringer Landesgartenschau auf dem Petersberg. Das Konzept der Gartenschau machte es möglich, dass neben vielen anderen Projekten, die gesamte Nordhäuser Innenstadt, vom Bahnhof bis hin zur Altstadt, modernisiert wurde.

M6 Rathaus von Nordhausen

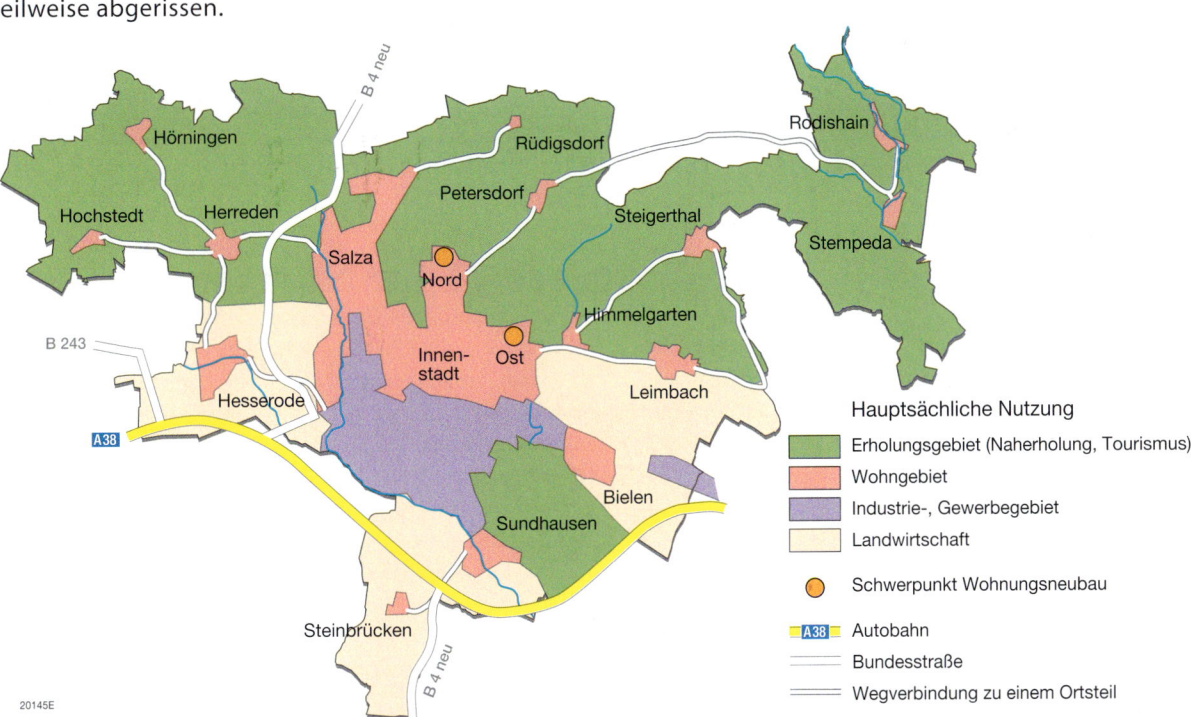

M5 Zielplan der Flächennutzung Nordhausens 2020 (Quelle: Amt für Wirtschaftsförderung und Stadtplanung)

Stadtentwicklung – Raumbeispiel Nordhausen

Nordhausen – eine lebenswerte Stadt

Wohnorte müssen, damit sich die Einwohner wohlfühlen, bestimmte Bedingungen erfüllen. Die Wohnungen, in denen die Menschen leben, sollen ihnen gefallen. Ebenfalls wichtig sind ein Arbeitsplatz, der sich in der Nähe befindet, und der Lohn, der das Einkommen der Familie sichert.

Weiterhin sind am Wohnort Kindergärten, Schulen, Altenheime, Krankenhäuser, Fachärzte genauso wichtig wie Sportstätten, Kinos, Theater und Parks. Alle Einrichtungen müssen mit öffentlichen Verkehrsmitteln schnell erreichbar sein.
Eine Stadtplanung muss heute so angelegt sein, dass auch folgende Generationen in einer lebenswerten Stadt leben können.

M1 Straßenbahn in Nordhausen – Verkehrsmittel des ÖPNV

M2 Garten der Villa Meyenburg

M3 In der Altstadt von Nordhausen

Info

Agenda 21

Der Begriff Agenda kommt aus dem Lateinischen und heißt „was zu tun ist". Die Zahl 21 steht für das 21. Jahrhundert, unsere Zukunft. Sie hat zum Ziel, dass wir so wirtschaften sollen, dass unsere Kinder und Enkel in der Zukunft ebenso gut oder besser leben können. Die Agenda 21 wurde 1992 auf einer UNO-Konferenz beschlossen.

Agenda 21 für Nordhausen

Die Gestaltung der zukunftsfähigen Entwicklung Nordhausens ist keine zusätzliche Aufgabe, sondern die Chance für Bürger, Vereine, Wirtschaft und Verwaltung der Stadt, zusammenzuarbeiten.
Jeder Bürger hat die Möglichkeit, von seinem Mitbestimmungsrecht Gebrauch zu machen. Vorrang bei Stadtentwicklung müssen die Altstadt und der Ausbau des ÖPNV haben.
Auf einer Informationsveranstaltung zum Thema Stadtentwicklung am 6. März 2012 in Nordhausen heißt es: „Vorrang bei der Stadtentwicklung soll die Nordhäuser Altstadt haben. Städtische Förderprogramme müssen großen Wert auf einen alters- und behindertengerechten Ausbau legen. Der Umbau für Behinderte, Rollstuhlfahrer, Kinderwagen und ältere Menschen ist im öffentlichen Verkehr vordringlich."

(Nach: Artikel der TA März 2012)

Leben in Städten und Dörfern

> Ich möchte meinen Lebensabend im betreuten Wohnen in der Stadt verbringen, denn ich lebe seit 60 Jahren hier.

Rentner

> Ich bin aktiver Freizeitsportler. Eine lebenswerte Stadt heißt für mich wohnen im Grünen sowie kurze und sichere Wege mit dem Fahrrad.

Schüler

> Die Stadt ist für mich und meine Kinder, mit ihren Parkanlagen und Spielplätzen, attraktiv. Mit dem Bus komme ich schnell in die Stadt.

Junge Frau

> Ich lebe und wohne gern in der Stadt. Im Bauausschuss kann ich die Zukunft unserer Stadt aktiv mitgestalten.

Arbeitnehmer

M4 Gedanken von Bürgern zu einer lebenswerten Stadt

Aufgaben

1. Erkläre den Begriff Agenda 21.
2. Lies den Zeitungsartikel. Worauf wird bei der Stadtentwicklung Nordhausens besonders Wert gelegt?
3. Ergänze die Aussage: „Eine lebenswerte Stadt ist für mich … ."
4. Bürger äußern in M4 ihre Meinug, wodurch für sie eine Stadt lebenswert wird. Beurteile die Aussagen.

Arbeitsheft

Eine Zukunftswerkstatt durchführen

Das wird spannend!

Gestaltung einer lebenswerten Umwelt

So geht ihr vor

1. **Schritt Kritikphase**
   - Listet auf, was euch in eurer Umgebung nicht gefällt und verbessert werden sollte (z. B. Verkehrsbelastungen, Verschmutzungen, fehlende Spielmöglichkeiten).
   - Heftet die Umweltprobleme an eine Pinnwand und entscheidet euch für eines, das euch am meisten interessiert oder ärgert.

2. **Schritt Phantasiephase**
   - Tragt eure Ideen und Vorstellungen zusammen, wie das Umweltproblem gelöst werden könnte.
   Beachtet dabei: Alle Vorschläge sind erlaubt. Es gibt keinerlei Einschränkungen: Tut so, als hättet ihr genügend Geld, alle technischen Möglichkeiten und volle Entscheidungsmacht.
   - Stellt eure Zukunftsvorstellungen anschaulich dar. Ihr könnt dazu zum Beispiel eine Geschichte erzählen, Gedichte oder Zeitungsmeldungen schreiben, ein Rollenspiel aufführen, Poster oder Modelle anfertigen.

3. **Schritt Verwirklichungsphase**
   - Findet heraus, ob es Möglichkeiten gibt, eure Ideen zu verwirklichen – und sei es auch nur in Teilen.
   - Holt euch Unterstützung. Sucht dazu das Gespräch mit Experten und/oder betroffenen Personen.
   - Informiert euch in der Stadt- oder Gemeindeverwaltung, ob bereits Veränderungen geplant sind.

Info

Zukunftswerkstatt

In einer Zukunftswerkstatt setzt ihr euch mit einem Umweltproblem auseinander und entwickelt Ideen zu seiner Lösung.

M1 So könnte das Gelände unserer „Traumschule" aussehen

METHODE

"Unsere Umgebung soll kinderfreundlich werden."

1. Beispiel: "Stopp der Verkehrsbelastung und des Verkehrslärms vor unserer Schule"

Kritikpunkte von Kindern:

"Mein Traum" von der Schülerin Ilonka
*"Motorenlärm und Abgasschwaden wollen wir nicht länger haben.
Jeden Morgen ohne Sorgen auf dem Weg zur Schule gehen, ja das wäre wunderschön."*

"Jeden Morgen fahren viele Autos. Es dauert ewig, bevor ich die Straße überqueren kann."

"Viele Autos und Lkws rasen an mir vorbei, wenn ich mit dem Rad zur Schule fahre."

"Im Sommer müssen die Fenster unseres Klassenraums geschlossen bleiben, weil wir bei dem Lärm nicht lernen können."

Ideensammlung:
- Tempo 30-Zone
- Zebrastreifen
- Schülerlotsen
- Umgehungsstraße

2. Beispiel: "Ein Abenteuerspielplatz für unser Wohngebiet."

Kritikpunkte von Kindern:

"Am Nachmittag treffen wir uns zum Spielen auf dem Parkplatz am Supermarkt."

"Das Spielen auf dem Parkplatz ist gefährlich."

"Einen Spielplatz im Ort gibt es nicht."

Ideensammlung:
- …
- …
- …
- …

"Lotto konnte gestern einen Scheck von 12 000 Euro an den Bürgermeister übergeben. Die Kinder der Gemeinde freuen sich riesig, denn nun kann der Abenteuerspielplatz entstehen."

M2 Zeitungsbericht

Aufgabe

1. Führt eine Zukunftswerkstatt durch. Orientiert euch an der vorgegebenen Schrittfolge.
   a) Wählt eines der beiden Beispiele oder ein für euch wichtiges Thema aus.
   b) Erweitert die Ideenliste mit euren eigenen Gedanken.
   c) Bearbeitet die Kritik-, Phantasie- und Verwirklichungsphase im Rahmen eurer Möglichkeiten. Präsentiert anschließend die Ergebnisse eurer Zukunftswerkstatt.

Berlin – Hauptstadt Deutschlands

M1 Das Wappen Berlins

Politisches Zentrum

Als Hauptstadt der Bundesrepublik Deutschland ist Berlin Zentrum des politischen Lebens unseres Landes. In der Stadt haben der Deutsche Bundestag, die Bundesregierung und der Bundespräsident ihren Sitz. Unser Land wird von Berlin aus regiert.

Im Regierungsviertel befinden sich die wichtigsten Gebäude der Regierung. Daneben gibt es in Berlin zahlreiche Botschaften und Vertretungen der Bundesländer Deutschlands.

Nach dem Zweiten Weltkrieg (1945) bis zur Deutschen Einheit (1990) war die Stadt geteilt. Ostberlin war Hauptstadt der DDR (Deutsche Demokratische Republik) und Westberlin war wirtschaftlich und politisch mit der Bundesrepublik Deutschland (Hauptstadt Bonn) verbunden. 1990 wurde Berlin die Hauptstadt des vereinigten Deutschlands.

Aufgabe

1 Erläutere die Merkmale einer Hauptstadt.

Info

Merkmale der Hauptstadt eines Landes

- politisches Zentrum
- Wirtschaftszentrum
- Kultur- und Bildungszentrum
- Verkehrszentrum

Wer hat wo seinen Sitz?

Im Schloss Bellevue hat der Bundespräsident seinen Amtssitz. Er ist das Staatsoberhaupt Deutschlands. Seine Hauptaufgabe ist es, unser Land im In- und Ausland zu repräsentieren, das heißt zu vertreten.

Im Bundeskanzleramt arbeitet die Bundeskanzlerin oder der Bundeskanzler. Hier treffen sich die Mitglieder der Regierung. Sie beraten unter anderem nationale und internationale Probleme.

Der Reichstag ist der Sitz des Deutschen Bundestages. Hier tagen die gewählten Vertreter unseres Volkes. Darunter sind auch Vertreter aus dem Wahlkreis deines Heimatortes. Sie diskutieren und beschließen unter anderem Gesetze.

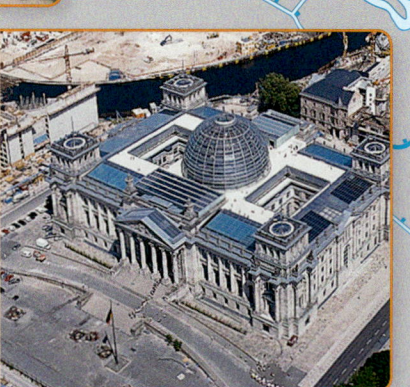

Leben in Städten und Dörfern

M2 Am Potsdamer Platz

In der City Berlins – rund um den Potsdamer Platz

Bis 1990 lag der Potsdamer Platz im Grenzgebiet zwischen Ost- und Westberlin. Mit der Deutschen Einheit wurden die Grenzanlagen abgebaut.

Heute ist der Platz ein beliebter Treffpunkt für Berliner und Gäste aus aller Welt. Das I-Max als Panoramakino und Eiscafés sind Anziehungspunkte für Kinder und Jugendliche.

Bauten aus Glas und Beton prägen das Gesicht des Platzes. Kinos, Büros, Musicaltheater, Cafés, Restaurants, Geschäfte und Museen laden die Menschen zum Shoppen und Verweilen ein. Damit entstand eine „neue City" mit vielen Dienstleistungseinrichtungen.

Info

Berlin – Stadt der Rekorde

1902 wurde hier die erste U-Bahn Deutschlands gebaut (heute ist das Netz etwa 380 km lang). Der Fernsehturm ist mit 368 m das höchste Gebäude Deutschlands. Das Panoramacafé des Turmes dreht sich innerhalb einer Stunde um seine eigene Achse. Dabei kann man den Rundblick auf die Stadt genießen.
Die Stadt hat mit fast 1000 Brücken mehr Brücken als Venedig sowie viele Grün- und Wasserflächen.

Aufgabe

2 Erkläre, warum der Potsdamer Platz als „neue City" bezeichnet werden kann und eine große Anziehungskraft hat.
Arbeitsheft

Berlin – Hauptstadt Deutschlands

a) Reichstag
b) Siegessäule
c) Brandenburger Tor
d) Fernsehturm am Alexanderplatz
e) Kaiser-Wilhelm-Gedächtniskirche
f) Schloss Charlottenburg
g) Funkturm
h) ICC

M1 Sehenswürdigkeiten

Kultur- und Bildungszentrum

Etwa acht Millionen Touristen besuchen jedes Jahr Berlin. Sie interessieren sich unter anderem für die wechselvolle Geschichte und die vielen Sehenswürdigkeiten der Stadt.

Messen, Kongresse, Sportveranstaltungen, Ausstellungen, Konzerte und das Filmfest „Berlinale" finden in Berlin statt. Einheimische und Touristen können Museen, etwa 50 Theater und viele Kinos besuchen.

Dieses vielfältige kulturelle Angebot ist für die Touristen ebenfalls interessant.

Berlin ist auch ein Bildungs- und Wissenschaftszentrum. An drei Universitäten, vier Kunsthochschulen, etwa zwanzig Fachhochschulen und privaten Hochschulen studieren junge Menschen aus aller Welt.

Als erste Universität Berlins nahm die Humboldt-Universität 1810 ihren Lehrbetrieb auf. Sie ist heute nach der Freien Universität die zweitgrößte Universität der Stadt.

M2 Museumsinsel

M3 Siegessäule

M4 Brandenburger Tor

Leben in Städten und Dörfern

Wirtschaftszentrum

Die wirtschaftliche Entwicklung der Stadt wird durch folgende Faktoren begünstigt:
- die sehr gute Verkehrslage, eine gut ausgebaute Infrastruktur, rings um die Stadt existiert ein Autobahnring mit Anbindungen in alle Himmelsrichtungen;
- die Nähe zu politischen Entscheidungsträgern (z. B. Ministerien);
- ein vielseitiges kulturelles Angebot, die touristische Anziehungskraft der Stadt;
- viele Erholungsmöglichkeiten in der Stadt und im Umland;
- gute Ausbildungsmöglichkeiten an Hoch- und Fachschulen.

Die Bewohner Berlins haben gute Lebens- und Arbeitsbedingungen. Das Leben in der Hauptstadt und seinem Umland ist somit sehr attraktiv.

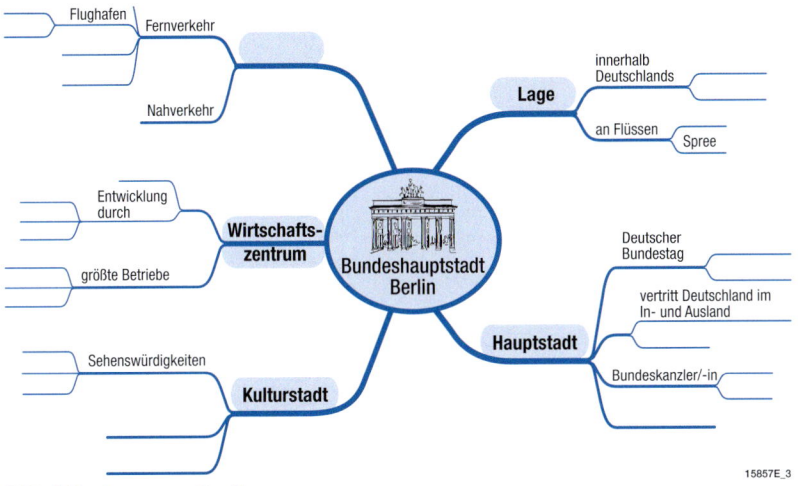

Aufgaben

1. Suche die Sehenswürdigkeiten (M1, M2) im Stadtplan Berlins auf (Atlas).
2. Nenne Bedingungen, die sich positiv auf die Wirtschaftsentwicklung Berlins auswirken.
3. Wähle eine Sehenswürdigkeit aus. Erstelle einen Steckbrief mit den wichtigsten Merkmalen (Internet, Reiseprospekte).
4. Begründe, weshalb junge Menschen aus der ganzen Welt in Berlin studieren.
5. Fasse dein Wissen über Berlin in der Mindmap M5 zusammen. Ergänze deine Gedanken (Überhangfolie).
6. „Berlin ist ein Touristenmagnet". Erläutere diese Aussage.
7. Berechne, wie viele Beschäftigte in den fünf größten Unternehmen Berlins arbeiten (M6).

Arbeitsheft

M5 Mindmap zu Berlin

18 543	Deutsche Bahn AG		5 600	Dussmann
13 066	Siemens AG		5 459	Berliner Stadtreinigungsbetriebe (BSR)
10 597	Berliner Verkehrsbetriebe (BVG)		5 421	Vattenfall Europe
10 104	Vivantes Netzwerk für Gesundheit GmbH		5 100	Wisag Service Holding GmbH
9 887	Charité Universitätsmedizin		5 000	Bayer HealthCare Pharmaceuticals
7 500	Deutsche Telekom AG		4 638	Berliner Wasserbetriebe
6 500	Deutsche Post DHL		4 515	Unternehmensgruppe Gegenbauer
6 430	Landesbank Berlin Holding AG		4 400	Kaufland Dienstleistungs GmbH & Co. KG
6 226	Kaiser's Tengelmann		4 249	Rewe Group
6 000	Daimler AG			
5 632	Metro AG			

M6 Die 20 größten Unternehmen Berlins nach Beschäftigten (2011)

M7 Herstellung von Multi-Chips für die Automobil- und Medizintechnik im Technologiezentrum Berlin-Adlershof

109

Metropole Paris

Wusstest du schon, dass
- im Großraum Paris mehr als 13 Mio. Menschen leben;
- die Pariser Metro täglich 5 Mio. Menschen transportiert;
- es in Paris rund 160 Museen, 200 Kunstgalerien, 100 Theater und über 650 Kinos gibt;

Info

Metropole

Der Begriff Metropole steht für eine Großstadt, die sowohl für das eigene Land als auch weltweit große wirtschaftliche, politische und kulturelle Bedeutung hat.

M2 Der Triumphbogen im Zentrum von Paris

Aufgaben

1. Nenne Merkmale einer Metropole.
2. Informiere dich in Medien zu einer Sehenswürdigkeit der Stadt Paris. Berichte darüber.
3. Erkläre die Aussage: „Das Herz Frankreichs schlägt in Paris."

Arbeitsheft

Politisches und wirtschaftliches Zentrum

Frankreich wird von Paris aus zentral regiert. „Das Herz Frankreichs schlägt in Paris", heißt es oft. Alle wichtigen Entscheidungen von Politik und Wirtschaft werden hier getroffen. So wird zum Beispiel in Paris entschieden, wo bedeutende Industriezentren, Autobahnen, Forschungseinrichtungen, Schulen oder Straßen in Frankreich gebaut werden. In Paris werden die Gelder für diese Bauvorhaben vergeben. Alle großen in- und ausländischen Firmen haben in Paris ihren Sitz.

Bedeutung des Großraumes Paris innerhalb Frankreichs

- 90 % aller Hauptsitze von Banken und Versicherungen befinden sich in Paris,
- 60 % aller französischen Forschungseinrichtungen befinden sich in der Stadt,
- 55 % der Unternehmen in Frankreich haben ihren Hauptsitz in der französischen Hauptstadt,
- ein Drittel aller Studenten in Frankreich studiert in Paris.

M1 Hôtel de Ville – Rathaus von Paris

M3 Palais de l'Élysée – Regierungspalast

www.heimatundwelt.de
HW-078

Leben in Städten und Dörfern

M4 Sacré Cœur

Kultur- und Bildungszentrum

Zahlreiche historische Bauten ziehen die Touristen in ihren Bann. Zu den weltberühmten Sehenswürdigkeiten zählen: Eiffelturm, Triumphbogen, Louvre, Notre Dame, Sacré Cœur, das Künstlerviertel Montmartre.

Die Sorbonne zählt zu den ältesten Universitäten Europas. Daneben kann man an mehr als zehn weiteren Universitäten studieren.

Die Französische Nationalbibliothek ist die größte Bibliothek Frankreichs.

In Paris befinden sich internationale Organisationen wie die ESA (Europäische Weltraumorganisation) oder IEA (Internationale Energie Agentur).

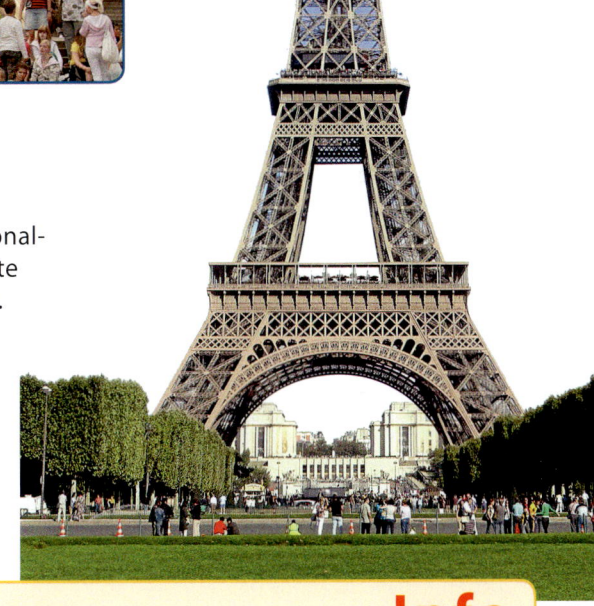

Info

Eiffelturm – ein Wahrzeichen von Paris

Erbauer: Gustave Eiffel
Anlass und Bauzeit: Erbaut von 1887 bis 1889 anlässlich der Weltausstellung und der Jahrhundertfeier der französischen Revolution
Höhe: 300 Meter, einschließlich der Fernsehantenne 324 Meter
Baustoff: Stahl
Besucherplattformen: drei in 57, 115 und 276 Meter Höhe
Besonderes: Turm wird nachts von innen und außen angestrahlt; muss alle sieben Jahre angestrichen werden

M5 Sorbonne

Metropole Paris

M2 Flughafen Paris-Charles-de-Gaulle

Ausfahrt eines Zuges aus dem Eurotunnel bei Calais

Info

Eurotunnel

Der Eurotunnel wurde 1994 eröffnet. Durch ihn sind Großbritannien und das europäische Festland „enger aneinandergerückt". Mit 160 km/h unterqueren die Züge die Straße von Dover (Kanal). Die Länge des Tunnels beträgt rund 50 km, davon verlaufen rund 38 km unter dem Meer.

Verkehrsknoten

Für eine Fahrt mit der Bahn von London nach Paris benötigt man nicht einmal drei Stunden. Dies ist durch den Eurotunnel möglich.

Paris ist Knotenpunkt des französischen Eisenbahn- und Straßennetzes. Der TGV, ein Hochgeschwindigkeitszug, verbindet die größten Städte untereinander.

Drei internationale Flughäfen zeigen die Bedeutung der Stadt für den Flugverkehr.

Durch einen Binnenhafen an der Seine ist die Stadt auf dem Wasserweg erreichbar.

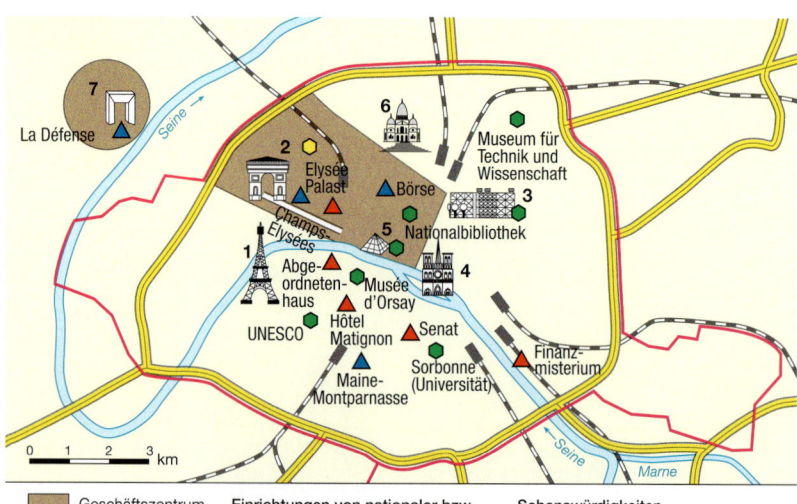

Geschäftszentrum
Luxusgeschäfte (Mode, Parfüm, Schmuck)
Stadtgrenze von Paris (Dept. 75)

Einrichtungen von nationaler bzw. internationaler Bedeutung (Auswahl)
▲ Politik
▲ Wirtschaft
⬢ Wissenschaft, Kultur

Sehenswürdigkeiten
1 Eiffelturm
2 Triumphbogen
3 Centre Georges Pompidou
4 Notre Dame
5 Louvre
6 Sacré Coeur
7 Grande Arche

M1 Paris – Hafen an der Seine

M3 Paris – Verkehrsknoten Frankreichs

www.heimatundwelt.de
HW-078

Leben in Städten und Dörfern

Die „neuen Städte" um Paris

Die Anziehungskraft der Stadt war und ist immer noch groß. Viele Unternehmen gründeten nach dem Zweiten Weltkrieg in Paris ihre Zweigstellen. Der Bedarf an Arbeitskräften war groß. Deshalb kamen viele Menschen nach Paris.

Es entstanden riesige Wohn- und Industriegebiete. Zehntausende Autofahrer verursachten und verursachen täglich ein Verkehrschaos. Um dem entgegenzuwirken, wurde schon in den 1960er-Jahren der Bau von fünf „neuen Städten", den „Villes Nouvelles", beschlossen. Diese Städte entstanden im Umland von Paris. Marne-la-Valleé und Evry sind zwei dieser Städte. Um die Wohngebiete gibt es Grünanlagen, Freizeiteinrichtungen, Gewerbeparks, Schulen und ein gut ausgebautes Verkehrsnetz.

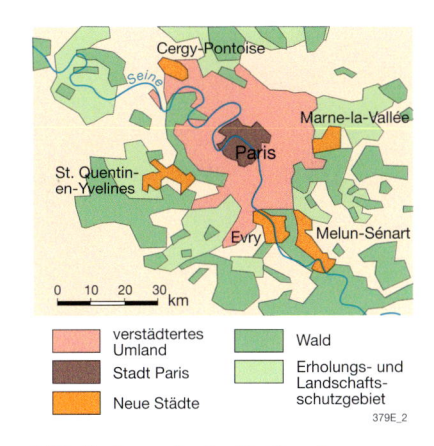

- verstädtertes Umland
- Stadt Paris
- Neue Städte
- Wald
- Erholungs- und Landschaftsschutzgebiet

M5 Paris und sein Umland

Die Hauptstadt wurde auf diese Weise entlastet, da die Einwohner, die hier leben, nicht jeden Tag zu ihrem Arbeitsplatz nach Paris und zurück fahren müssen. In den „neuen Städten" gibt es durch einen hohen Anteil ausländischer Zuwanderer und ärmerer Bevölkerung auch Probleme (z. B. hohe Arbeitslosigkeit).

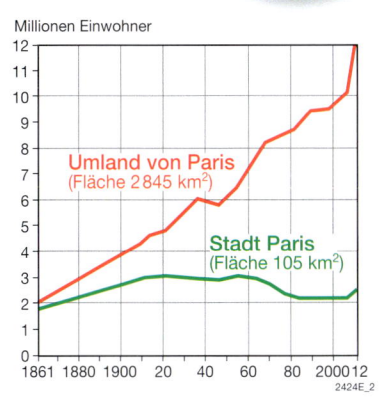

M6 Bevölkerungsentwicklung von Paris

Umland von Paris (Fläche 2 845 km^2)
Stadt Paris (Fläche 105 km^2)

Aufgaben

1. Erkläre, wie London an Paris näher „herangerückt" ist.
2. Begründe, weshalb sich Paris in das Umland ausdehnt.
3. „Das Umland von Paris hat sich verändert." Erläutere diese Aussage.

Arbeitsheft

Ländlicher Raum
- kleine Höfe
- geringes Einkommen
- wenige Schulen
- kaum Kinos, Diskos
- wenig Arbeitsplätze

Junge Menschen wandern ab, Alte bleiben zurück.

⬇

Die Bevölkerung nimmt ab.

⬇

Zuwanderung aus dem ländlichen in den städtischen Raum

⬇

Städtischer Raum
- höhere Löhne
- mehr Arbeitsplätze
- viele Kontakte
- Kinos, Diskos
- Theater
- Schulen, Universitäten

Junge Menschen wandern zu. Babys werden geboren.

M4 Gründe für das Wachsen von Paris

Metropole London

M2 Skyline von London

London – Metropole an der Themse

Großbritanniens Hauptstadt ist mit mehr als acht Millionen Einwohnern eine der größten Städte Europas. Sie nimmt etwa eine Fläche von 40 mal 40 Kilometern ein und erstreckt sich entlang der Themse.

In der Stadt haben internationale Banken und Unternehmen ihren Hauptsitz. Die „City of London" wird als europäisches Finanzzentrum bezeichnet. Somit hat London internationale Bedeutung.
Täglich kommen etwa 300 000 Menschen in die City zur Arbeit.

Die „City of Westminster" ist nicht nur politisches Zentrum der Stadt, sondern des ganzen Landes. Hier befinden sich die Ministerien und der Sitz des Parlaments.

In London leben Menschen aus der ganzen Welt. Viele stammen aus ehemaligen britischen Kolonien. Die Metropole zieht viele Zuwanderer aus dem In- und Ausland an.

M1 An der Brick Lane in London

Ausländische Bevölkerung in London

Insgesamt leben heute 13 Mio. Menschen im Großraum von London. Von 100 Einwohnern Londons sind 21 keine Europäer. Von diesen kommen 6 aus Indien, 5 aus Afrika, 5 aus der Karibik, 2 aus Pakistan, 2 aus Bangladesch, 1 aus China.

Info

Kolonien

Kolonien sind Gebiete, die von anderen Staaten (z. B. von Großbritannien) besetzt wurden und danach von den Kolonialmächten abhängig sind.

M3 Houses of Parliament im Zentrum von London

www.heimatundwelt.de
HW-078

Leben in Städten und Dörfern

M4 Europäisches Finanzzentrum „City of London"

M6 Big Eye

Stadtrundfahrt

Die beste Stadtrundfahrt bietet der Culture Bus. Er fährt 20 Museen, Parks, Pubs usw. an. Man kann ein- und aussteigen, wo man will, z. B. an der National Gallery am Trafalgar Square. Eine Fahrkarte für den ganzen Tag kostet etwa 12 Euro.

Wirtschaftsmetropole und Touristenmagnet

London ist britische Wirtschaftsmetropole und Welthandelszentrum. In der Stadt befinden sich unter anderem Firmen der Informatik und Telekommunikation. Viele Menschen arbeiten im Medienbereich.

Für London ist der Tourismus von großer Bedeutung. Jährlich besuchen etwa 20 Millionen Gäste die Stadt. In der „City of London" gibt es viele Sehenswürdigkeiten. Die Tower Bridge und der Tower of London gehören dazu.

M7 Tower Bridge

Bei einer Fahrt mit dem Riesenrad, dem London Eye, bekommt man einen tollen Überblick über die Stadt.

Die Stadt war 2012 Gastgeber der Olympischen Sommerspiele.

M5 „Big Ben"

Aufgaben

1. Zeige an Beispielen, dass auch London eine Metropole ist.
2. Sammle Material zu London und gestalte eine Wandzeitung. Präsentiere deine Ergebnisse.
3. Erkläre die Bedeutung der „City of Westminster" für die Stadt.
4. Begründe die weltweite Bedeutung der „City of London".
   Arbeitsheft

Wo wir wohnen – Städte und Dörfer

M1 Udersleben – Dorf in Nordthüringen

M2 Stadt Nordhausen

Unterschiede zwischen Städten und Dörfern

Johanna und ihr Bruder dürfen mit ihrem Opa einen Rundflug machen. Beim Flug vom Flugplatz Bad Frankenhausen (nahe Udersleben) in Richtung Nordhausen können sie die Siedlungen aus der Vogelperspektive betrachten. Sie sehen am Boden zunächst Dörfer.
Einige bestehen nur aus wenigen Bauernhöfen, andere haben mehr als 100 Wohnhäuser. Von oben kann man alles gut erkennen. In den Orten gibt es ein paar neue Eigenheime. Manche Bauernhöfe liegen mitten im Ort, andere weiter entfernt zwischen Feldern.

Als sie sich Nordhausen nähern, verändert sich das Bild. Sie fliegen über ein Gewerbegebiet mit Einkaufs-, Bau- und Möbelmärkten sowie riesigen Parkplätzen. Als sie direkt über die Innenstadt fliegen, stellt Johanna fest, wie dicht die mehrstöckigen Häuser zusammenstehen. Freie Flächen und Gärten sieht sie hier kaum. Auf dem Rückflug macht sie noch ein paar Fotos.

Der Flug hat das Interesse von Johanna und ihrem Bruder geweckt. Bei der Unterhaltung mit ihrem Opa erfahren sie, dass sich das Aussehen vieler Dörfer und das Leben im Dorf verändert haben.

Dörfer in der Nähe von größeren Städten haben Eigenheimsiedlungen. Sie liegen verkehrsgünstig. Viele Familien aus der Stadt haben hier ein Haus im Grünen gebaut. Einige Familienmitglieder arbeiten in der Stadt und pendeln jeden Tag. Andere sind von Montag bis Freitag unterwegs, da sie in anderen Regionen Arbeit gefunden haben.

Aus Dörfern in verkehrsungünstiger Lage wandern die Menschen im arbeitsfähigen Alter oft ab, da es dort kaum Arbeit gibt. Nur wenige sind noch in der Landwirtschaft tätig. Der Altersdurchschnitt der Bewohner in den Dörfern steigt. Verlassene Häuser und Höfe verfallen häufig.

Aufgaben

1. Beschreibe am Beispiel von Nordhausen und Udersleben, wie sich Siedlungen unterscheiden (Text).
2. Erkläre, woran eine Stadt und ein Dorf aus der Luft erkennbar sind (M1, M2).
3. Nenne Bedingungen, die dazu führen, dass ein Dorf wächst oder schrumpft.

Kugellager

METHODE

Kugellager – mit System diskutieren

Johanna und ihr Bruder haben von ihren Großeltern viel über das Leben auf dem Land erfahren. Nun interessiert es sie, wie ihre Mitschüler das Leben im Dorf und in der Stadt empfinden. Im Geographieunterricht wollen sie darüber diskutieren.

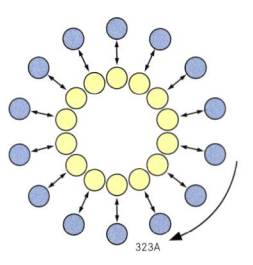

M4 Kugellager – Sitzordnung

Diskussion über das Leben in der Stadt und auf dem Dorf

So geht ihr vor

1. **Schritt:** Teilt die Klasse in zwei Gruppen.
   Bereitet euch auf euer Thema vor. Notiert dazu wichtige Informationen.

2. **Schritt:** Räumt euren Klassenraum so um, dass ihr aus den Stühlen einen Doppelkreis stellen könnt.
   Setzt euch so, dass sich die Schüler des Außen- und Innenkreises gegenübersitzen (Innenkreis: Gruppe Dorf, Außenkreis Gruppe Stadt).

3. **Schritt:** Jeder Schüler des Innenkreises berichtet seinem Gegenüber über das Leben im Dorf.
   Fragen können erst nach dem Bericht gestellt werden.

4. **Schritt:** Nach dem Signal der Lehrerin oder des Lehrers rücken die Schüler im Außenkreis um zwei Plätze im Uhrzeigersinn weiter.
   Berichtet nun, was ihr erfahren habt. Falls nötig, ergänzt oder berichtigt der Partner im Innenkreis.

5. **Schritt:** Die Schüler im Außenkreis rücken erneut zwei Plätze weiter und berichten dem Gegenüber über das Leben in der Stadt.

6. **Schritt:** Nach erneutem Weiterrücken berichtet der Schüler im Innenkreis, was er gerade erfahren hat.

Ich lebe in der Stadt. Zusammen mit meinen Eltern wohne ich in einer Drei-Zimmer-Wohnung in einem großen Mietshaus. Meine Schule befindet sich ganz in der Nähe. So kann ich morgens länger schlafen und dann zu Fuß in die Schule gehen. In der Nähe gibt es keinen Spielplatz. Das Spielen auf der Straße ist zu gefährlich, deshalb gehe ich am Nachmittag oft ins Freizeitzentrum. Dort kann ich meine Hausaufgaben erledigen und anschließend mit meinen Freunden spielen. Im Sommer fahre ich mit dem Fahrrad ins Freibad. Manchmal treffe ich mich mit meiner Freundin zum Bummeln und Eisessen in der Einkaufspassage.

M3 Bericht zum Leben in der Stadt

Ich lebe auf dem Dorf. Zusammen mit meinen Eltern, meinem Bruder und den Großeltern wohne ich in unserem Haus. Bei uns im Dorf sind nur wenige Kinder. Eine Schule gibt es nicht. So muss ich jeden Morgen sehr früh aufstehen, um mit dem Bus in die Schule zu fahren. Bei uns im Dorf kann man fast überall gefahrlos spielen. Nur an der Landstraße müssen wir wegen der vielen Autos aufpassen. Wir haben einen Spielplatz, aber es macht viel mehr Spaß auf den Wiesen oder im Wald zu spielen. Dort können wir toben und stören niemanden. Wenn ich ins Kino möchte oder die Musikschule besuche, muss mich meine Mutter mit dem Auto in die Stadt fahren.

M5 Bericht zum Leben im Dorf

Aufgabe

4 Führt eine Diskussion zum Leben in der Stadt und im Dorf. Lasst eure Erfahrungen in die Diskussion einfließen.

Leben im Dorf – früher und heute

Leben im Dorf vor etwa 100 Jahren

Das Leben im Dorf war früher vor allem durch die Landwirtschaft geprägt. Die meisten Menschen erzeugten durch ihre Arbeit Nahrungsmittel und züchteten Schweine, Kühe, Enten, Hühner, Kaninchen oder Gänse für den Eigenbedarf. Produkte, die sie nicht selbst zum Leben brauchten, verkauften sie auf dem Markt.
Da die Menschen vorwiegend die Arbeiten mit der Hand verrichteten, war es eine körperlich sehr schwere Arbeit. Sie nahm viel Zeit in Anspruch. Auch die Kinder mussten schon früh auf dem Hof mitarbeiten. Für sie gab es kaum Freizeit.

Das Leben in den Dörfern war auch aus anderen Gründen oft schwierig. Die Häuser der Bauern waren klein. Das Wasser wurde auf dem Hof aus dem Brunnen geholt. Fließendes Wasser gab es nicht. Die Toiletten befanden sich außerhalb des Hauses.

Noch in den 1960er-Jahren gab es auf dem Land wenige Einkaufsmöglichkeiten. Um in die Stadt zu gelangen, war man auf den Zug oder den Bus angewiesen. Der Landarzt hatte im besten Fall nur zweimal in der Woche Sprechstunde.

M1 Stadt und Umland ergänzen sich

Umland: Freizeitgestaltung, Trinkwasserversorgung, Landwirtschaft, Naherholung, Wohnen im Grünen.

Stadt: Bildung, Kultur, medizinische Versorgung, Behörden, Arbeitsplätze.

Info

Pendler

Viele Menschen verlassen regelmäßig während des Tages ihre Wohngebiete. Sie fahren mit dem Auto oder mit öffentlichen Verkehrsmitteln zum Beispiel zur Arbeit, zur Schule oder zum Einkaufen. Man bezeichnet sie als Pendler.

Wohnviertel wohnen – City arbeiten/einkaufen – Wohnviertel wohnen
Verkehr: morgens → abends ←

Das Leben im Dorf heute

Auf dem Land gibt es heute nur noch wenige Landwirte, die allein von der Landwirtschaft leben. Viele arbeiten in Agrargenossenschaften zusammen. Moderne Maschinen erleichtern heute die Arbeit.

Einige Landwirte sehen eine Einnahmequelle im Tourismus (z. B. „Ferien auf dem Bauernhof"). Viele Dorfbewohner arbeiten auswärts, oft an weit entfernten Orten, da es im Dorf kaum Arbeit gibt.

Heute befinden sich die meisten Dörfer in verkehrsgünstiger Lage zu modernen Siedlungen. Alte Höfe wurden modernisiert, neue Häuser entstanden. Die Attraktivität des Lebens auf dem Land hat sich in vielen Dörfern erhöht. Vor allem Familien mit Kindern wohnen gern auf dem Land.
Schulen, Ärzte, Banken, Supermärkte, Bäcker und Fleischer befinden sich nur in größeren, zentral gelegenen Orten. Für ältere Menschen ergibt sich daraus ein Versorgungsproblem. Um auch sie mit den notwendigen Dingen des Lebens zu versorgen, kommen Bäcker- und Fleischerauto sowie der Tante Emma-Laden auf Rädern ins Dorf.

Die Stadt-Umland-Beziehungen sind für die Dörfer und Städte sehr wichtig, da sie das Leben in beiden Siedlungsformen angenehmer machen.

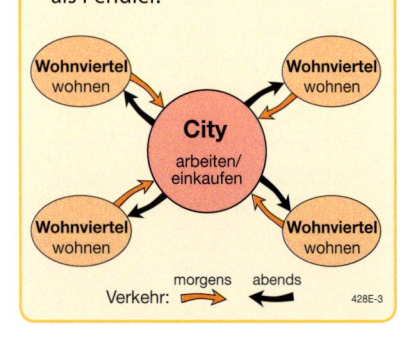

Aufgabe

1 Vergleiche das Leben in den Dörfern früher und heute.

Leben in Städten und Dörfern

Wohnen im Dorf

„Ich wohne in einem ruhigen Dorf. Als einmal ein Sturm von unserem Haus das Dach abdeckte, haben uns die Nachbarn sofort geholfen. Ich finde es gut, dass die Nachbarschaftshilfe großgeschrieben wird. Weniger schön ist es, dass es in unserem Ort wenige Gleichaltrige gibt. Um in die Schule in der Stadt zu kommen, bin ich immer auf den Bus angewiesen. Am Morgen und am Abend bin ich deshalb eine Stunde unterwegs, im Winter meist noch länger."

Eva

„Ich bin mit meiner Familie vor fünf Jahren aus Mühlhausen auf das Land gezogen. Hier sind die Mieten viel niedriger als in der Stadt. Mein jüngerer Bruder ist an Asthma erkrankt, ihm tut die frische, saubere Landluft gut. In Mühlhausen war aber mehr los. Es gab viele Geschäfte. Im Dorf gibt es nicht mal einen Bäcker oder Tante Emma-Laden. Wenn ich ins Kino oder Internetcafé möchte, muss ich dies genau planen, denn mit dem Bus ist die Fahrt umständlich. Mit meinen Eltern muss eine Busfahrt abgesprochen werden. Meine 18-jährige Schwester fährt in einer Fahrgemeinschaft zum Studium nach Nordhausen."

Björn

„In der Stadt ist zwar mehr los, aber wohnen möchte ich dort nicht. Mir gefällt es im Dorf vor allem wegen der Natur. Kein Hochhaus versperrt die Sicht und die Abgase der Fahrzeuge verpesten nicht die Luft. Der Wald beginnt direkt hinter unserem Garten. Wir spielen dort oft in unserem Baumhaus. Meinem Opa helfe ich gern bei der Feldarbeit, vor allem, wenn ich mit ihm mit dem Traktor über das Feld fahren darf. Oft bin ich mit meinen Freunden mit dem Mountainbike unterwegs, oder wir spielen Völkerball."

Maike

Max

„Manchmal, wenn meine Freunde keine Zeit für mich haben, langweile ich mich im Dorf. Aber meist ist dies nicht der Fall. Wir spielen zum Beispiel Fußball auf unserem Bolzplatz. Mit dem Klettergerüst und den neuen Sport- und Spielgeräten ist der Spielplatz toll geworden. Wenn es im Sommer richtig warm ist, fahren wir mit dem Rad ins Nachbardorf an den See zum Baden. Dies ist zwar anstrengend, aber auf Dauer ist das Fahren mit dem Bus zu teuer. Da mein Vater außerhalb arbeitet, kann er mich oft nicht fahren."

M2 Meinungen von Kindern zum Wohnen im Dorf

Aufgaben

2 „Für Ältere, die allein auf dem Land leben, gibt es Probleme." Erläutere die Aussage.

3 „Stadt und Umland ergänzen sich."
a) Erkläre die Aussage (M1).
b) Nenne weitere Punkte, wie sich Stadt und Umland ergänzen.

4 Lies die Meinungen der Kinder (M2). Stelle Vor- und Nachteile des Lebens im Dorf zusammen.

Arbeitsheft

Gewusst – gekonnt

Hui, da ist aber was durcheinander geraten! Was meinst du?

1 Wahrheit oder Lüge?

Berichtige die falschen Aussagen. Begründe jeweils.

a) Der Berliner Fernsehturm ist 350 m hoch
b) Im Park einer Stadt kann man sich erholen.
c) In der City gibt es kaum Geschäfte.
d) Paris ist keine Metropole.
e) Die Gewerbegebiete entstehen am Rande der Stadt.
f) Bei einem Besuch Berlins kann man auf die Aussichtsplattform des Eiffelturms fahren.
g) Im Dorf gibt es viele Arbeitsplätze.
h) Junge Familien wohnen gern im Dorf.

2 Silbenrätsel

Bilde die Namen von Metropolen. Nimm, wenn nötig, den Atlas zu Hilfe.

DON	KAU	LIN
PA	BER	BUDA
MOS	SCHAU	RIS
PEST	LON	WAR

3 Sehenswürdigkeiten der Metropolen

a) Nenne die Namen der Sehenswürdigkeiten auf den Bildern.
b) Ordne die Fotos den Metropolen Berlin, London, Paris zu.
c) Stelle die Sehenswürdigkeiten in einem Kurzvortrag vor.

ALLES KLAR

4 Bilderrätsel

Finde die acht versteckten europäischen Städte heraus. Nenne die Länder, in denen sie liegen.

ER

E = AU

Glöckchen = Land

Z = S , + N

B +

A = O

P = N

EI = IE

Das kannst du jetzt:

– das Leben der Menschen in städtischen und ländlichen Regionen beschreiben und vergleichen,
– die Entwicklung von Siedlungen als einen langen historischen Prozess beschreiben,
– ausgewählte Stadt-Umland-Beziehungen erklären,
– Merkmale ausgewählter Metropolen benennen,
– Ideen für die Gestaltung lebenswerter Räume in deinem Umfeld diskutieren.

Du kannst dabei folgende Fachbegriffe verwenden:

City
Erholungsgebiet
Gewerbegebiet
Grüngürtel
Hauptstadt
Industriegebiet
Infrastruktur

Metropole
Pendler
Siedlung
Stadt-Umland-Beziehung
Wohngebiet
Zentrum

5 Kennst du dich aus?

a) Notiere je fünf typische Merkmale für die Stadt und für das Dorf.
b) Nenne je drei Vorteile des Lebens in der Stadt und des Lebens im Dorf.

121

Minilexikon

Atomkraftwerk (AKW) (Seite 66)
Kraftwerk, in dem mithilfe von Uran zunächst Wärme erzeugt wird. Die Wärme wird genutzt, um Wasser zu erhitzen. Dabei entsteht Dampf, der Turbinen antreibt. An die Turbinen ist ein Generator angeschlossen, der Strom erzeugt.

Bewässerungsfeldbau (Seite 28)
Bewässerungsfeldbau ist eine Form des landwirtschaftlichen Anbaus. In niederschlagsarmen Gebieten wird Wasser auf die Felder geleitet, um die Pflanzen zu bewässern.

Binnenhafen (Seite 83)
Bezeichnung für einen Hafen an einem Fluss oder an einem Kanal im Landesinneren. Der größte Binnenhafen Europas ist Duisburg in Nordrhein-Westfalen an der Mündung der Ruhr in den Rhein.

Bioprodukt (Seite 20)
Bezeichnung für ein Produkt, bei dessen Herstellung darauf geachtet wird, dass keine chemischen Pflanzenschutzmittel verwendet und die Tiere artgerecht gehalten werden.
Ziel der Herstellung eines Bioproduktes ist es, die Umwelt zu schonen und die chemische Belastung des Produkts zu verringern.

Boden (Seite 17)
Der Boden ist die oberste lockere Erdschicht, in der sich die Wurzeln der Pflanzen befinden und aus der sie sich mit Nährstoffen versorgen. Er ist wenige Zentimeter bis über einen Meter mächtig.

City (Seite 96)
In Großstädten bezeichnet man die Innenstadt mit dem Geschäftsviertel als City. Hier gibt es vorwiegend Geschäfte und Büros. Wohnungen sind kaum vorhanden. Das Bild bestimmen Kaufhäuser, Spezialgeschäfte, Banken und Versicherungen, Gaststätten, Kinos und Behörden.

Container (Seite 78)
Ein Großbehälter mit einheitlichen Maßen für den Transport von Stückgut auf Schiffen, mit der Bahn, auf Lkws oder im Flugzeug.

Dienste (Seite 7)
Dienste werden von Dienstleistungsunternehmen wie Gaststätten, Hotels, Banken, Versicherungen, Reinigungs- und Transportfirmen, Krankenhäuser, Schulen oder Universitäten angeboten.

Erholungsgebiet (Seite 96)
Erholungsbebiete sind Parks, Grünflächen, Wälder, Seen sowie Sportanlagen und dienen der Erholung der Bevölkerung. Sie können innerhalb, am Rande oder in der Nähe einer Stadt liegen.

Export (Seite 80)
Bezeichnung für die Ausfuhr von Waren in ein anderes Land.

Gewächshauskultur (Seite 30)
Eine Gewächshauskultur ist eine Nutzpflanze, die in Folien- oder Glasgewächshäusern wächst und somit weniger abhängig von den Außentemperaturen ist.

Grüngürtel (Seite 96)
Meist ringförmig um eine Stadt oder innerhalb einer Stadt angelegte Grünflächen. Sie dienen der Naherholung und der Verbesserung des Stadtklimas.

Hauptstadt (Seite 106)
In der Hauptstadt eines Landes haben in der Regel Regierung und Parlament ihren Sitz. Sie ist das politische, kulturelle und wirtschaftliche Zentrum des Landes.

Import (Seite 80)
Bezeichnung für die Einfuhr von Waren aus einem anderen Land.

Industrielle Tierhaltung (Seite 18)
Bei der industriellen Tierhaltung werden oft Tausende von Tieren in einem landwirtschaftlichen Betrieb gehalten. Dieser Betrieb ist stark mechanisiert, um die anfallenden Arbeiten (z. B. Füttern, Entmisten) schnell erledigen zu können. Oft werden dadurch die Tiere nicht artgerecht gehalten.

Industriegebiet (Seite 96)
Ein Industriegebiet liegt meist am Rand einer Stadt. Es wird durch Industriebetriebe geprägt.
In der Regel besteht zu einem Industriegebiet eine gute Verkehrsanbindung (z. B. Fernstraßen, Autobahnen, Eisenbahnlinien, Wasserstraßen, Flughafen).

Infrastruktur (Seite 109)
Zur Infrastruktur zählen alle Einrichtungen, die zur Entwicklung eines Raumes notwendig sind, wie Verkehrswege, Wasser- und Stromleitungen, Bildungseinrichtungen und Krankenhäuser.

Kahlschlag (Seite 14)
Als Kahlschlag bezeichnet man die vollständige Entfernung aller Bäume eines Waldes oder eines Waldstückes mit dem Ziel, in kurzer Zeit und mit geringem

Aufwand viel Holz zu gewinnen. Bei den Arbeiten werden Holzerntemaschinen eingesetzt. Diese Art der Forstwirtschaft ist wenig umweltschonend.

Landwirtschaftlicher Gunstraum (Seite 24)
Bezeichnung für ein Gebiet mit guten natürlichen Voraussetzungen für die Landwirtschaft (z. B. fruchtbare Böden, günstiges Klima).

Massengut (Seite 78)
Ein Gut, das in größeren Mengen ohne besondere Verpackung befördert wird, wie Kohle, Erz, Kies, Getreide, Erdöl.

Massentourismus (Seite 36)
Massentourismus ist eine Form des Reisens, die es vielen Menschen ermöglicht, Urlaub zu machen. Bei dieser Reiseform kommen viele Menschen in Orte, die meist vollständig auf den Tourismus ausgerichtet sind. Der Massentourismus hat oft Nachteile, zum Beispiel für die Umwelt und die Kultur der Region. Er hat aber auch Vorteile. Zum Beispiel schafft er viele Arbeitsplätze in den Tourismusregionen.

Metropole (Seite 110)
Als Metropole wird eine Stadt, oftmals die Hauptstadt eines Landes, bezeichnet, die das politische, kulturelle und wirtschaftliche Zentrum eines Landes ist. Eine Metropole weist eine sehr hohe Einwohnerzahl auf. Ein vielfältiges Warenangebot, Dienstleistungen und zahlreiche kulturelle Einrichtungen sind hier vorhanden.

Nachhaltigkeit (Seite 13)
Der Begriff Nachhaltigkeit stammt aus der Forstwirtschaft. Nachhaltigkeit bedeutet, dass man nicht mehr ernten soll, als in der Natur nachwachsen kann. Das betrifft nicht nur die Nahrungsmittel sondern auch alle anderen Rohstoffe und Lebensgrundlagen der Menschen. Deshalb ist der Schutz der Umwelt besonders wichtig. Nachhaltiges Wirtschaften hat das Ziel unseren Kindern und Enkelkindern eine gesunde und glückliche Zukunft zu sichern.

Nationalpark (Seite 14)
Bezeichnung für ein geschütztes Gebiet mit besonders schönen oder seltenen Naturlandschaften. In einem Nationalpark gelten Bestimmungen, um die dort lebenden Tiere und Pflanzen zu schützen.

Naturpark (Seite 49)
Ein Naturpark ist ein großräumiges Gebiet, das sich zur Erholung besonders gut eignet. In ihm werden die Bereiche mit wirtschaftlicher Nutzung, wie Fremdenverkehr, Land- und Forstwirtschaft, von den geschützten Gebieten (Naturschutzgebieten) klar getrennt.

Nicht regenerativer Energieträger (Seite 59)
(auch nicht erneuerbarer Energieträger)
Ein nicht regenerativer Energieträger ist ein energiehaltiger Stoff, aus dem für den Menschen nutzbare Energie (z. B. Strom) gewonnen werden kann. Er besteht aus Biomaterial, welches durch verschiedene Umwandlungsprozesse über einen sehr langen Zeitraum entstanden ist und daher in überschaubaren Zeiträumen nicht wieder erneuert werden kann. Dazu gehören zum Beispiel Kohle, Erdöl und Erdgas.

Öffentlicher Personennahverkehr (ÖPNV) (Seite 81)
Unter Öffentlichem Personennahverkehr versteht man den Transport von Personen mit öffentlichen Verkehrsmitteln (z. B. Straßenbahn, Bus, U-Bahn, S-Bahn) in sowie zwischen Städten und ihrem Umland.

Pendler (Seite 118)
Menschen, die regelmäßig ihren Wohnort verlassen, um in einem anderen Ort zu arbeiten oder zur Schule zu gehen. Sie pendeln also meist täglich zwischen zwei Orten hin und her.

Plenterwald (Seite 15)
Der Plenterwald ist ein Wald, in dem immer nur einzelne Bäume geerntet werden. Damit sind immer Bäume aller Altersgruppen vorhanden. Das Nachwachsen eines neuen Waldbestandes erfolgt beim Plenterwald überwiegend auf natürlichem Wege.

Regenerativer Energieträger (Seite 59)
(auch erneuerbarer Energieträger)
Energiequelle, die durch natürliche Energiespender ständig erneuert wird und somit unerschöpflich ist (z. B. Windkraft, Wasserkraft, Sonnenenergie).

Region (Seite 53)
Eine Region umfasst einen durch bestimmte Merkmale gekennzeichneten Raum mittlerer Größe (z. B. größer als ein Ort, aber kleiner als ein Land).

Rekultivierung (Seite 62)
Rekultivierung nennt man die Wiederherstellung von Landschaften, die zum Beispiel durch den Bergbau zerstört wurden. Die riesigen Löcher, die beispielsweise durch den

Minilexikon

Bergbau entstanden sind, werden soweit wie möglich wieder aufgefüllt. Andere wiederum werden mit Wasser geflutet. Es entstehen Seen. In rekultivierten Gebieten werden auch Bäume gepflanzt, Ackerböden wieder aufgebracht und Grünflächen angelegt.

Rushhour (Seite 81)
Bezeichnung für die Hauptverkehrszeit, die vor allem durch den Berufsverkehr zu Arbeitsbeginn und zum Arbeitsende in den Städten verursacht wird.

Sanfter Tourismus (Seite 36)
Sanfter Tourismus ist eine Form des Tourismus, der die Natur schonen soll und einen respektvollen Umgang mit der einheimischen Bevölkerung verlangt. Durch ein vielseitiges Angebot an öffentlichen Verkehrsmitteln könnten viele Menschen im Urlaub auf das Auto verzichten. Weitere Merkmale: Verbot des Baus von Hochhäusern, Vermeidung von Müll.

Seehafen (Seite 82)
Hafen am Meer oder mit direktem Zugang zum Meer.

Siedlung (Seite 116)
Eine Siedlung ist ein Ort, an dem Menschen zusammenleben (z. B. Dorf, Stadt).

Stadt-Umland-Beziehung (Seite 118)
Bezeichnung für die Vielzahl von Aufgaben, die eine Stadt für umliegende Gemeinden und die das Umland für die Stadt erfüllt. Ein Beispiel hierfür sind Pendler, die zwischen ihrer Wohnung im Umland und ihrer Arbeitsstätte in der Stadt pendeln.

Stückgut (Seite 78)
Eine Ware, die einzeln befördert wird (z. B. Pkws) oder die vor dem Transport in Fässer, Container, Säcke oder Kisten verpackt wird.

Transit (Seite 86)
Transport von Waren oder Personen aus einem Land durch das Gebiet eines anderen Landes in ein drittes Land. Der Transitverkehr wird durch Verträge zwischen den beteiligten Ländern geregelt.

Trockenfeldbau (Seite 26)
Der Trockenfeldbau ist eine landwirtschaftliche Anbaumethode in Trockenregionen ohne Bewässerung. Die geringen Niederschläge werden durch Umpflügen des Bodens und Brachezeiten gespeichert.

Urwald (Seite 10)
Ein Urwald ist ein vom Menschen weitestgehend unberührter, ursprünglicher Wald. Diese Wälder sind ökologisch sehr wertvoll. Es gibt nur noch sehr wenige Urwaldregionen auf der Welt (z. B. Teile des tropischen Regenwaldes oder des sibirischen Nadelwaldes).

Verkehrsknoten (Seite 78)
Dort, wo verschiedene Verkehrswege (Straßen, Eisenbahnlinien, Luftverkehrswege, Wasserwege) zusammenlaufen und sich dabei kreuzen, entsteht ein Verkehrsknoten.

Verkehrsmittel (Seite 78)
Verkehrsmittel sind Transportmittel (z. B. Flugzeug, Schiff, Eisenbahn, Lkw) zur Beförderung von Gütern oder Personen. Sie werden nach individuellen oder öffentlichen Verkehrsmitteln unterschieden.

Verkehrsnetz (Seite 78)
Verknüpft man alle Verkehrswege miteinander, so entsteht ein Verkehrsnetz. Man kann ein Straßen-, ein Eisenbahn-, ein Wasserstraßen- und ein Flugnetz unterscheiden.

Wirtschaftsbereich (Seite 6)
Die Wirtschaft eines Landes kann entsprechend der Art der Herstellung von Gütern oder Dienstleistungen in drei Bereiche unterteilt werden.
Der erste Bereich umfasst die Wirtschaftszweige Land- und Forstwirtschaft, Fischerei und Bergbau.
Der zweite Bereich steht für die Verarbeitung von Rohstoffen mit den Wirtschaftszweigen Industrie und Handwerk.
Zum dritten Bereich gehört das Bereitstellen von Dienstleistungen, zum Beispiel in den Wirtschaftszweigen Handel, Tourismus, Unterhaltungs- und Bankenwesen oder im Bildungsbereich.

Wirtschaftszweig (Seite 6)
Siehe Bemerkungen zum Begriff Wirtschaftsbereich.

Wohngebiet (Seite 96)
Bezeichnung für die Teile der Stadt, in denen überwiegend Wohnhäuser stehen. In den Innenstädten befinden sich meist ältere Wohngebiete, am Rand der Stadt dagegen neue Wohngebiete mit Ein- und Zweifamilienhäusern, Reihenhäusern, Wohnblocks und Hochhäusern.

Zentrum (Seite 96)
In großen Städten bezeichnet man die Innenstadt mit dem Geschäftsviertel als Zentrum. Hier gibt es meist Geschäfte und Büros. Wohnungen sind oft nur wenige vorhanden.

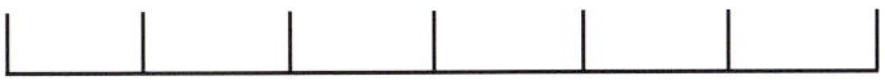

Maße, Gewichte, Einheiten und Vergleichswerte

Längenmaße
1 m (Meter) =   10 dm   (Dezimeter)
           =   100 cm   (Zentimeter)
           = 1000 mm (Millimeter)
1 km (Kilometer)   = 1000 m
1 Meile (amerik./brit.) = 1609 m
1 sm (Seemeile)   = 1852 m

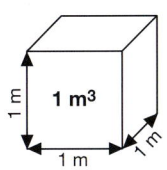

Raummaße/Hohlmaße
1 l (Liter)   = 1 dm³ (Kubikdezimeter)
                    = 1 dm · 1 dm · 1 dm
1 hl (Hektoliter)   = 100 l
1 m³ (Kubikmeter)   = 1 m · 1 m · 1 m

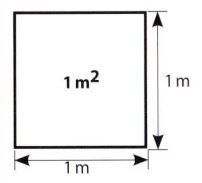

Flächenmaße
1 m² (Quadratmeter)   = 1 m · 1 m
1 a (Ar) = 10 m · 10 m   = 100 m²
1 Morgen   ≈ 2500 m²
1 ha (Hektar) = 100 m · 100 m = 10 000 m²
1 km² (Quadratkilometer) = 1 km · 1 km = 100 ha

Gewichte
1 kg (Kilogramm) = 1000 g (Gramm)
1 dt (Dezitonne) = 1 dz (Doppelzentner)
                 = 100 kg
1 t (Tonne)   = 1000 kg
1 kt (Kilotonne) = 1000 t

Einheiten
Kilo: 1000
Mega: 1000 · 1000 = 1 000 000 (1 Mio.)
Giga: 1000 · 1000 · 1000 = 1 000 000 000 (1 Mrd.)

Vergleichswerte

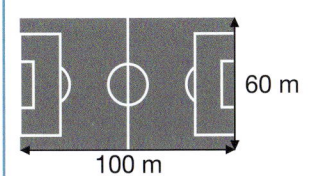

1 Fußballplatz:
etwa 100 m · 60 m
= 6000 m²

Ladung eines
Güterwagens:
20 t

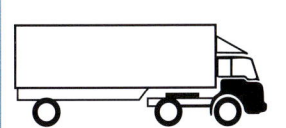

Ladung eines Lkws
(ohne Anhänger):
8 t

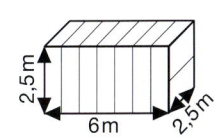

Rauminhalt Standardcontainer
(ungefähre Angabe):
6 m · 2,5 m · 2,5 m = 37,5 m³

125

Hilfreiche Sätze beim Beantworten von Aufgaben

Beim Bearbeiten von Karten

Die physische Karte von … .
Die thematische Karte informiert über … .
Die Kartenüberschrift heißt … .
Die Karte stellt … dar.
Die Region erstreckt sich … .
Das Gebiet liegt … (tief/hoch/nördlich von/…).
Die Landschaft ist … (flach/hügelig/gebirgig/…).
Die Stadt liegt (am/im) … .
Städte liegen … (verstreut/gebündelt/wie an einer Perlenschnur aufgereiht/…).
Die Grenzen verlaufen … .
Die Flüsse … (verlaufen/entspringen/münden/durchqueren/…).
Die Stadt liegt etwa … Kilometer (südlich/nördlich) von … .

Beim Bearbeiten von Texten

Der vorliegende Text (Zeitungsartikel/Schülerbuchtext) … ist am … von … geschrieben. Er trägt den Titel … und ist abgedruckt in … .
Er beschäftigt sich mit … . Es wird berichtet, wie … . Er erläutert … .
Er gibt Auskunft über … .
Es geht im Text um … . Der Text nennt Beispiele zu … .
Der Text begründet … . Zusammenfassend ist festzuhalten: … .
Das bedeutet, dass … .
Die Absicht des Verfassers ist, … .

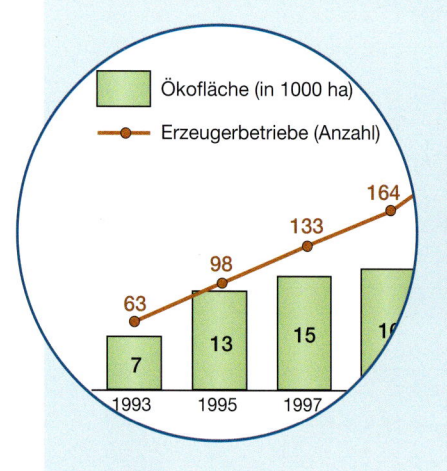

Beim Bearbeiten von Diagrammen

Es handelt sich um ein … (Säulendiagramm/…).
Die Überschrift lautet: … .
Die Säulen zeigen … .
Die Längen der Säulen stellen … dar.
Es ist Folgendes festzustellen: … .
Die Entwicklung hat … (zugenommen/abgenommen/ist etwa gleich geblieben/…).
Das Diagramm erläutert die Zusammenhänge zwischen … .

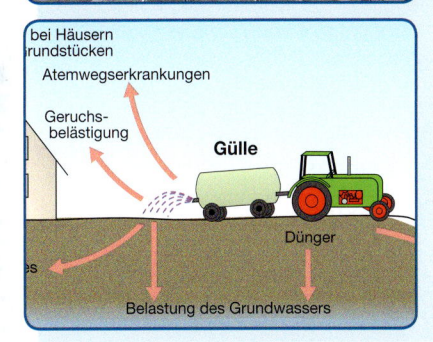

Beim Bearbeiten von Bildern und Zeichnungen

Das Foto/das Bild/die Zeichnung zeigt … .
Mithilfe der Bildunterschrift kann man feststellen, dass … .
Das Foto ist ein Schrägluftbild/Senkrechtluftbild/ … .

Das Wichtigste auf dem Foto/dem Bild/der Zeichnung ist … .
Das Foto/das Bild/die Zeichnung macht deutlich, dass … .
Im Vordergrund sieht man … .
In der Mitte erkennt man … .
Im Hintergrund sieht man … .
Die Landschaft ist … .

Mithilfe der Bildunterschrift kann man feststellen, dass … .
Besonders eindrucksvoll ist … .
Das Foto/das Bild/die Zeichnung verdeutlicht … .

Zeichnung

Die Zeichnung zeigt auf, dass … .
Die Zeichnung verdeutlicht, dass … .
Die Pfeile zeigen die Beziehung zwischen … .
Die Zeichnung stellt die Verbindung zwischen … und … dar.
Die Zeichnung veranschaulicht … .

Beim Bearbeiten von Tabellen

Jahr	Käfighaltung	
	Betriebe	Legehennen
2007	712	27 037 000
2008	587	24 777 000
2009	275	14 069 000
2010	155	6 682 000

Der Titel der Tabelle lautet: … .
Die Tabelle stellt … (die Entwicklung der Käfighaltung/…) dar.
Die Zeilen zeigen (Jahr/Anzahl der Betriebe/Anzahl von Legehennen/…).
Die Spalten zeigen (Jahre/die Anzahl der Betriebe mit Käfighaltung/ die Anzahl von Legehennen mit Käfighaltung/…).
Es ist zu erkennen, dass es im Jahr … die meisten … mit … gab.
Es ist festzustellen, dass die Anzahl von Legehennen mit Käfighaltung … (zugenommen/abgenommen/…) hat.
Insgesamt ist festzustellen, dass … .
Die Angaben erklären … .
Die Werte verdeutlichen … .

Quellenverzeichnis

Cover: Sylvain Sonnet/Corbis (Tower Bridge) und A. Chederros/Onoky (Jugendliche).

ausgestrahlt e.V., Hamburg: 67 M4 oben; 360-berlin, Berlin: 114 M2 (Jens Knappe); action press, Hamburg: 59 M7 (OED,HANS-GÜNTHER); Adam Opel AG, Rüsselsheim: 97 M2; adpic Bildagentur, Bonn: 28 M1 unten links (H. Brauer); Aerophoto-Schiphol b.v., Schiphol: 31 großes Bild, 127 oben; akg-images, Berlin: 108 Mitte links (Radzinski, D.); Alain Ernoult, Berlin: 112 M1 (Alain Ernoult); alamy images, Oxfordshire: 36 M2 (Sabine Lubenow), 37 M3 (David Robertson), 101 M6 (Bildarchiv Monheim GmbH); alimdi.net, Deisenhofen: 59 M5 (FB-Rose); Amt für Wirtschaftsförderung und Stadtplanung, Nordhausen: 101 M5; Arend, Jörg, Wedel: 30 M3; aus: Alpha Ventus/ © 2009 Jan Oelker (all rights reserved): 68 M2; Autorenteam Hannover (ATH), Hannover: 96 unten; Berlin Partner GmbH, Berlin: 108 M3; Berliner Verkehrsbetriebe (BVG), Berlin: 84 M1 oben (Joachim Donath); Bildagentur Geduldig, Maulbronn: 25 links oben; Bildagentur Huber, Garmisch-Partenkirchen: 43 M5 (R. Schmid), 86 M2 und M3; Bilderberg, Hamburg: 27 M3 (Oliver Brenneisen); Bioland Verlags GmbH : 23 M5; Blase, Dieter, Metelen: 100 M4; Blickwinkel, Witten: 16 M1 rechts unten (W. Wisniewski); Blume Bild, Celle: 51 M5; Bridgeman Art Library Ltd., Berlin: 87 M5; Bürgerinitiative Lebenswertes Langenhorn, Langenhorn: 68 M1; Caro Fotoagentur, Berlin: 15 M2 rechts (Riedmiller), 59 M8 (Ruffer); CLAAS KGaA mbh, Harsewinkel: 6 M1; CMA, Bonn: 18 M1 und M3; Corbis, Düsseldorf: 31 M5 kleines Bild (Stonehill/zefa), 110 M2 (Arthus-Bertrand, Y.); Das Luftbild-Archiv, Wennigsen: 83 M3, 106 unten; ddp images, Hamburg: 102 M2 (dapd/Jens-Ulrich Koch); Deutsche Bahn AG, Berlin: 90 M1 (Railteam); dreamstime.com: 60 M2 (Michal Baranski), 115 M4 (Quixoticsnd); Duisburger Hafen AG, Duisburg: 78 M2 (Reinhard Felden); Eck, Thomas, Berlin: 120.1; Europa-Farbbildarchiv Waltraud Klammet, Ohlstadt: 114 M3; Fabian, Michael, Hannover: 73 M2; Falk Verlag, Ostfildern: 96 M1, 98; Falkenburg, Ann-Christin, Braunschweig: 70 M2; Fotex Medien Agentur, Hamburg: 111 M4 (P. Bernhard); Fotoflug.de, Ennepetal: 5 oben, 76/77; fotolia.com: 15 M4(Fotowerner), 22 M1 (Martina Berg), 22 M2 (Blickfang), 26 M2 (LianeM), 28 M1 oben Mitte (ExQuisine), 28 Physalis (Andre), 28 Mispeln (Christian Jung), 32.2 (LianeM), 49 M4 Mitte (dephoto), 82.3 (view 7), 111 rechts (Marco Bonan), 115 M5 (prinzesa), 120.2 (DeVice), 120.3 (prinzesa); Frambach, Timo, Braunschweig: 21 M5, 32.3, 119 M2 oben Mitte; Franz, Sarah, Erfurt: 54 oben; Fraport AG, Frankfurt: 80 M2; Fremdenverkehrsbüro Benidorm: 50 M2; Gaffga, Peter, Eggenstein-Leopoldshafen: 48 M2 rechts; Geiger, Folkwin, Merzhausen: 29 M3 und M4; Gesamtverband des deutschen Steinkohlenbergbaus , Herne: 64 M3; Gesellschaft für ökologische Forschung e.V., München: 12 M2; Getty Images, München: 40 M1 (Jupiterimages/Firma), 114 M1 (Universal Images Group); Griese, Dietmar , Laatzen: 29 M6 oben, 78 M1; Grontmij GmbH, Weimar: 59 M6; Gruner + Jahr AG & Co KG, Hamburg: 93.B; Hasenpusch Photo-Productions, Schenefeld: 93.A; Heimatverein Udersleben e. V., Udersleben: 116 M1; Hofemeister, Uwe, Diepholz: 119 M2 oben links, Mitte rechts und unten links; Hultsch, Annegret, Dortmund: 42 M3; i.m.a - Information.Medien.Agrar e.V., Berlin: 20 M1, 32.1; IMAGINE Fotoagentur GmbH, Frankfurt: 14 M2 oben; Imago, Berlin: 4 oben (Mollenhauer), 8/9 (Mollenhauer); iStockphoto: 28 Grantäpfel (Georgy Markov), 111 M5 (pejft); kes-online, Berlin: 120.5; Klüppel, Ulrike, Gechingen: 6 M3; Köhler, Peter, Erfurt: 97 M3, M5 und M6; laif, Köln: 12 M3 (Modrow), 25 M5 (Langrock/Zenit), 33.A (Modrow); Landesamt für Bergbau, Energie und Geologie, Hannover: 17 unten links; Landesamt für Landwirtschaft, Umwelt und ländliche Räume Schleswig-Holstein, Kiel: 41 M5 (Rüger); Landesredaktion Berlin - Senatskanzlei, Berlin: 106 Mitte, 108 M2; Lausitzer und Mitteldeutsche Bergbau-Verwaltungsgesellschaft mbH, Leipzig: 62 M2; Lautensack, Kurt, Gleichamberg: 24 M1; LOOK-foto, München: 50 M1 (Jan Greune), 82.2 (Engel & Gielen); Lüttecke, J., Münster: 89 beide unten; Maison de la France, Frankfurt: 113 M4 oben, 113 M4 unten (Bys); ; Masterfile, Düsseldorf: 58 M4 (Wigo/Illuscope); mauritius images, Mittenwald: 5 Mitte (Harald Schön), 19 M4 (Lehn), 32.4, 47 M5 (Schmied), 93.C (Rust), 94 oben (Harald Schön), 120.4 (age), 127 Mitte (Harald Schön); mediacolors Bildagentur & -Produktion , Zürich: 49 M4 rechts (Glaeser); Michaela Begsteiger, Gleisdorf: 28 M1 oben links; Murschetz, Luis , München: 87 M4; Natterer, Freiburg: 22 M3; OKAPIA KG Michael Grzimek & Co., Frankfurt: 16 M1 oben links (Reinhard), 29 M6 unten (NAS/Dan Guravich); Oster, Karlheinz, Mettmann: 32.5; Picture-Alliance, Frankfurt: 5 unten (OKAPIA KG), 23 M6 (Carmen Jaspersen), 25 unten links (ZB/J. Büttner), 33.B (Alexander Rüsche), 33.D (dpa), 39 unten (dpa-Zentralbild), 42 M2 (Euroluftbild.de/Zentralbild), 43 M4 (Stefan Thomas), 51 M4 (dpa/epa efe Montserrat T Diez), 58 M3 (dpa/H. Melchert), 63 M4 (Jan Woitas), 66 M2 (Uli Deck), 67 M4 unten (dpa), 69 M2 (ZB/euroluftbild.de), 69 M4 (Frank May), 79 M4 (chromorange), 80 M1 (Werner Baum), 82.1 (Bildhuset, Jo. Wingborg), 84 M1 unten (Wiedl), 84 M3 (KPA/Euroluftbild), 85 M6 (dpa-Zentralbild/euroluftbild.de), 88 M3 (gms Opel), 94/95 (OKAPIA KG), 102 M3 (ZB-Fotoreport), 108 M4 (Sven Simon), 109 M7 (H. Wiedl), 110 M1 (Tommaso Di Girolamo), 110 M3 (Abd-Rabbo-Gouhier-Guibbaud-Lemou), 112 links (Antoine Antoniol, Bloomberg News, Landov), 112 M2 (Lars Halbauer), 115 M6 (Keith Jones/Spectrum), 116 M2 (dpa-Zentralbild/ euroluftbild.de), 120.6 (Laurent Chamussy/Witt/SIPA); Pitopia, Karlsruhe: 28 Trauben (André Bonn, 2010); pixelio media, München: 28 M1 oben rechts (Oliver Haja); Presse- und Informationsamt der Bundesregierung - Bundesbildstelle, Berlin: 106 rechts; Rauhut, Hartmut, Schipkau: 61 M4; RWE AG, Konzernpresse/www.rweimages.com, Essen: 74.A; Schlemmer, Herbert, Berlin: 107 M2; Schlimm, Klaus, Goch: 70 M1; Schlottmann, Guenther, Paderborn: 72 M1; Schönauer-Kornek, Sabine, Wolfenbüttel: 3 oben, 5 links, 7, 38 M2, 39 oben, 50 unten rechts, 74.1, 74.B, 74.C, 104 M1, 113 M4 Illus, 121; Schwarzstein, Jaroslaw , Hannover: 27 M4, 32 Hintergrund, 46 M3, 55, 103 M4, 105, 116, 117; Stadtarchiv Nordhausen - Stadt Nordhausen am Harz, Nordhausen: 100 M3; Stadtverwaltung Nordhausen, Nordhausen: 100 M1; Stadtwerke Nordhausen - Holding für Versorgung und Verkehr GmbH, Nordhausen: 102 M1; Stürzlinger, Gerhard, Pfons: 46 M2; Tauern Touristik GmbH, Kaprun: 71 M5; Tekülve, R., Essen: 115 M7; Thaler, Ulrich, Leipzig: 48 M1; ThyssenKrupp AG, Essen: 6 M2; Tonn, Dieter, Bovenden-Lenglern: 90; toonpool.com, Berlin: 81 M4 (Reinhard Trummer/trumix); Tourismusverein Leipziger Neuseenland e.V., Borna: 62 M1; vario images, Bonn: 30 M1; Vattenfall Europe Mining AG, Cottbus: 58 M2; Visum Foto, Hamburg: 4 Mitte (Bjoern Goettlicher), 4 unten (Alfred Buellesbach), 34/35 (Bjoern Goettlicher), 56/57 (Alfred Buellesbach); Weidner, Walter, Altußheim: 46 M1; Wenzel, Christine, Witten: 107 unten; White Star, R. Rabal, Hamburg: 51 M3; Wildlife Bildagentur, Hamburg: 40 M2 (K. Salchow), 89 M6 (Heumader); Øresundsbro Konsortiet, Kopenhagen: 91 M4

Dieses Buch enthält Beiträge von: Matthias Baumann, Franz Bösl, Kerstin Bräuer, Wilfried Büttner, Margit Colditz, Dieter Engelmann, Timo Frambach, Wolfgang Gerber, Ute Irmscher, Norma Kreuzberger, Wolfgang Latz, Notburga Protze, Bernd Raczkowsky, Simone Reutemann, Henning Teschner, Walter Weidner.

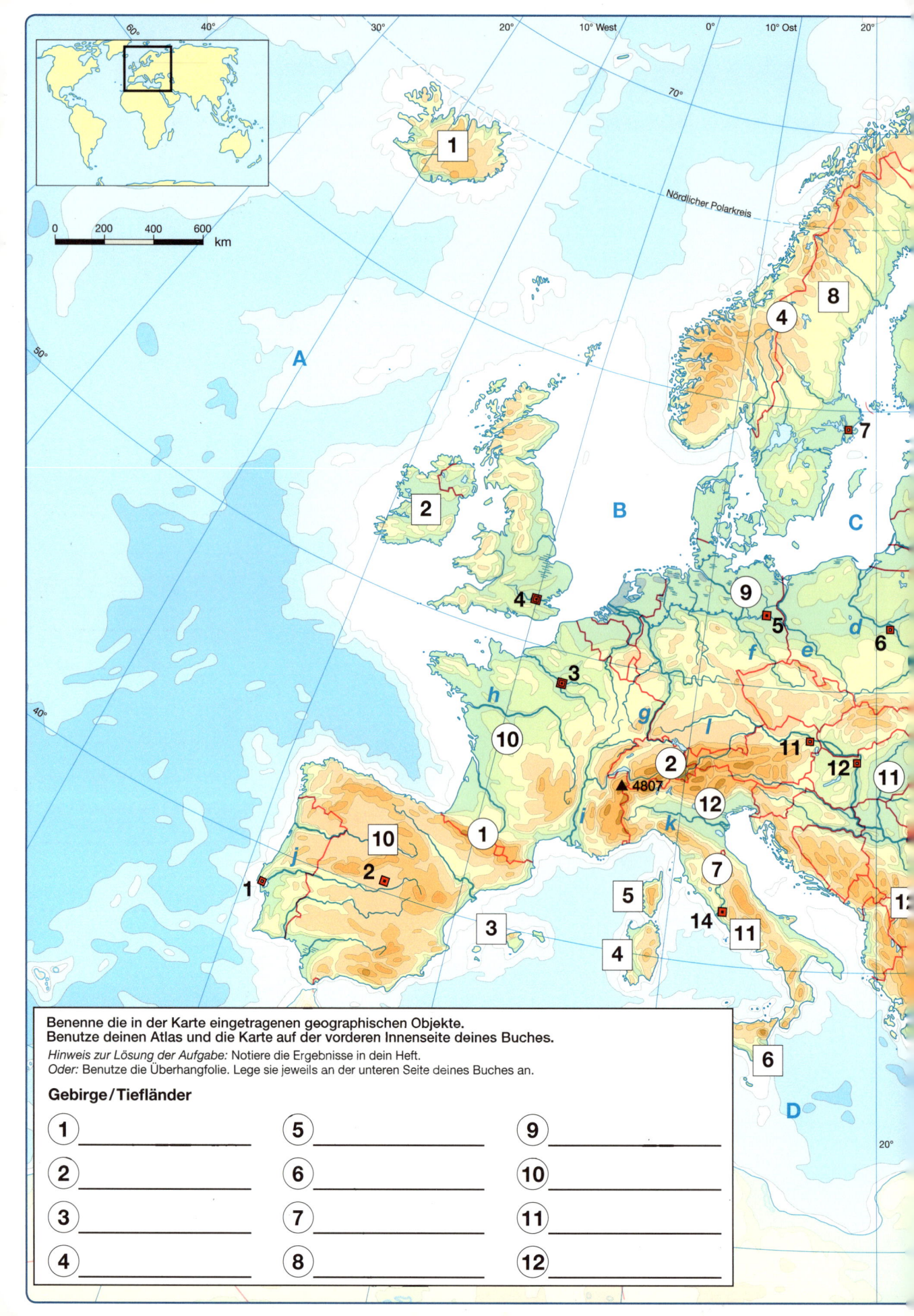

Benenne die in der Karte eingetragenen geographischen Objekte.
Benutze deinen Atlas und die Karte auf der vorderen Innenseite deines Buches.

Hinweis zur Lösung der Aufgabe: Notiere die Ergebnisse in dein Heft.
Oder: Benutze die Überhangfolie. Lege sie jeweils an der unteren Seite deines Buches an.

Gebirge/Tiefländer

1 _____   5 _____   9 _____

2 _____   6 _____   10 _____

3 _____   7 _____   11 _____

4 _____   8 _____   12 _____